JUST MARRIED !

Original Japanese edition
published in 2016 by TAKESHOBO, Tokyo
French translation rights in France,
Belgium, Luxembourg, Swiss and Quebec
arranged with TAKESHOBO Through Digital Catapult Inc., Tokyo.

HANA

www.boys-loves.fr

Traduit du japonais par Guillaume Quémar
Adaptation Graphique : Pierrick Gontero
Correction : Sandra Baron
Responsable Editorial & Production : Tony Mr P

Dépot légal : Septembre 2024

ISBN 978-2-38276-243-1

Imprimé par GZ Digital Media as

Après

Merci d'avoir lu ce manga. j'espère que vous l'avez apprécié. Merci à mes éditeurs, aux designers pour la couverture, à Takeshobo, et à tous ceux qui ont été impliqués dans sa production. Merci également à tous ceux qui m'ont soutenue.

TREMBLE
SPLURT
SPLURT
HAA
HAA
AAAAAAAH...
J'AI JOUI SI VITE, C'ÉTAIT INCROYABLE.
HAA
HAA
CRIIII
C'ÉTAIT BON ?
DANS LES VAPES
MN.
AUSSI BON QU'AVEC MON EX QUI FAISAIT DU PORNO...
GRRRR
...GAY.
NON.
EUH.
CE QUE JE VOULAIS DIRE, C'EST QUE C'ÉTAIT GÉNIAL.
ATTRAPE
«NE PARLE PAS D'AUTRES HOMMES !»
Aïeuh
...TANT MIEUX.

HÉ, TU SAVAIS QUE DÈS QUE JE DOIS FAIRE PREUVE DE SEX APPEAL...
JE PENSE AUX FOIS OÙ JE TE BAISE ?
HAA
HAA
SHLK
AH !
Yoichiro est inarrêtable...
AH !
AH !
C'EST TROP !
HAA
HAA
JE PENSE À COMMENT TU DEVIENS FAIBLE QUAND JE DÉFONCE TON PETIT CUL...
AH !
AH !
AH !
AHN !
PLOF
PLOF
PAF
PLOF
TREMBLE
PLOF
HIII !
AH !
JE PENSE À COMMENT JE REPOUSSE TES ORGASMES POUR TE FAIRE PERDRE LA TÊTE...
AH !
PLOF
PLOF
TREMBLE
AH.
SHLUP
AAH !
SHLUP
AHN !
ET À QUEL POINT TU ME SUPPLIES POUR AVOIR MA BITE EN TOI.
JE T'EN PRIIIIIE ! METS-LA MOI !! AH !! OICHIRO, JE VEUX... TA... ROSSE BITE... AHH !
PLOF
HAA
PLOF
HAA

C'EST MIEUX QU'IL SOIT AU COURANT. ÇA VEUT DIRE QU'IL PEUT RENDRE MON RÔLE PLUS RÉALISTE.
SANS COMPTER LE FAIT QUE ÇA AURAIT FINI PAR SE SAVOIR.
FWAP
Oh...
UN SCRIPT.
C'EST QUOI TON RÔLE ?
Hm... Yoichiro aime vraiment l'acting.
UN HOMME QUI SORT AVEC CINQ FEMMES.
HMM.
C'est sordide.
TU AS DES SCÈNES DE SEXE ?
OUAIS.
Oh... Hein ? C'est quoi cette sensation qui commence à me ronger ?
Oh, je vois... Je veux que Yoichiro ne soit qu'à moi. Je ne veux pas le partager, même dans le cadre de son travail. Sérieusement ?
L'homme qui avait brûlé les cheveux de Fuyumi par jalousie.
...JE CROIS QUE JE COMPRENDS CE QUE YAMAMOTO A RESSENTI.
MARMONNE
HM ?
ET MOI QUI PENSAIS QUE JE DÉTESTAIS LES RELATIONS OÙ JE ME SENTAIS ENFERMÉ.
TU...
TU FERAIS MIEUX DE NE PAS MONTRER CE VISAGE HORS DE LA MAISON.
HAA
はぁ...
......
Il est super excité.

BONUS : Yoichiro Hasuda n'est plus un puceau

LA PROCHAINE FOIS, LAISSE MOI NOUS FILMER EN TRAIN DE FAIRE ÇA.
EH, ET TON TRAVAIL ? TU DOIS PAS Y ALLER !?
ÇA, C'EST BIEN PLUS IMPORTANT.
MAIS PAS DU TOUT !!
et ça me ramène toujours à mon rôle de serviteur de Yoichiro.

FIN

D'AC-CORD ?
......
C'EST TOI QUI EST CENSÉ ÊTRE À MOI...
ESPÈCE DE GAMIN.
HA HA !
BOBOM
ドキン
BOBOM
ドキン
ドキン
BOBOM
FUYU-MI ?
D'A-D'ACCORD. D'ACCORD !
JE LA GARDERAI POUR LE MOMENT, MAIS NE T'APPROCHE PAS TROP DE MOI !
Sinon mon cœur ne va pas tenir le coup, et je vais refuser !
ALLEZ, VA AU TRAVAIL !
......
Il y a quelque chose de plus fort que ma volonté...

QU'EST-CE QUE...?
EST-CE QUE JE SUIS ENCORE EN TRAIN DE RÊVER...?
J'AI VRAIMENT FAIT LES CHOSES DANS LE DÉSORDRE.
ATT-...
TU CROIS SÉRIEUSEMENT QUE TU PEUX JUSTE...!?
HM ?
TU NE L'AIMES PAS ?
C'est ta marque favorite.
JE T'AI MÊME PAS DONNÉ MON CONSENTEMENT...!!
NON, C'EST PAS ÇA ! ELLE EST SUPER BELLE !
HÉ.
JE NE PEUX PAS ACCEPTER.
Qu'est-ce que je vais faire, s'il est sérieux ?
TU NE SAIS PAS ABANDONNER.
ÉCOUTE JUSTE CE QUE JE DIS.

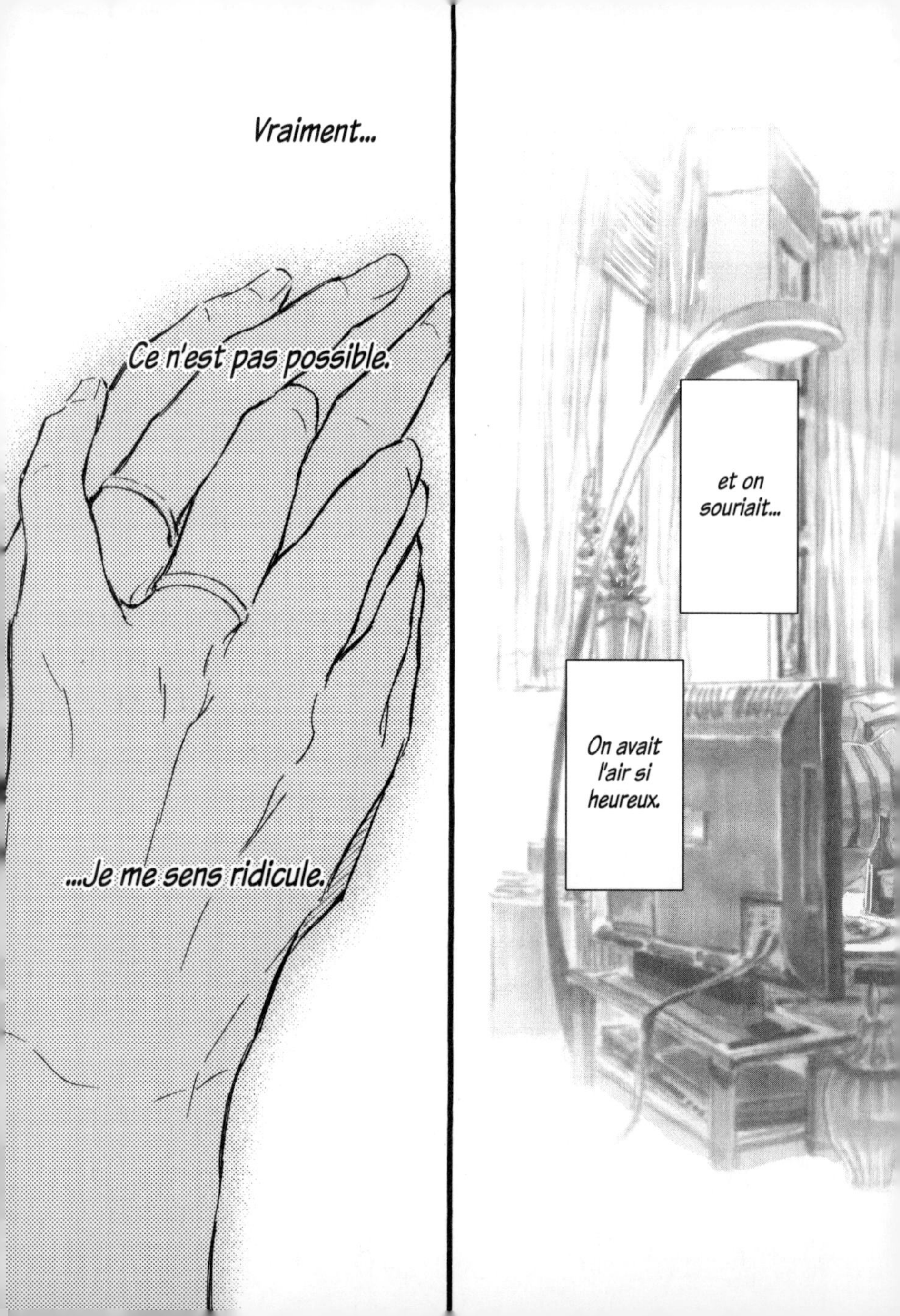
On avait l'air si heureux.
et on souriait...
Vraiment...
Ce n'est pas possible.
...Je me sens ridicule.

Après l'amour, dans mon esprit embrûmé...
j'ai fait un rêve.
On était ensemble dans une petite maison, baignée de soleil...
On portait des alliances assorties...

JE VAIS TELLEMENT TE REMPLIR QUE TU NE POURRAS PLUS PENSER À AUTRE CHOSE QU'À MOI.
...C'est...
pas juste.

SPLURT
SPLURT
HAAAA ! AAAHHH !!
SPLURT
HAA ! AH !
SPLURT
AH...! ♡
TREMBLE
TREMBLE
HAA
HAA
TREMBLE
AHH ! Ah !
AT-TENDS !...
PLOF
AH ! JE SUIS ENCORE... EN TRAIN DE JOUIR !
MN !
HAA
REGARDE-MOI, FUYUMI.
HAA
HAA
HAA
REGARDE-MOI.

Yoichiro fait partie d'un monde idéal étincelant.
PLOF
PAF
PLOF
PAF
MN ! MN. ♡
SMACK
SMACK
PAF
HUFF! MN ! ♡
Et moi, je ne suis qu'une petite pute.
Quand il en aura marre du sexe, il n'aura plus besoin de moi.
AAHN ! ♡
PLOF
......! ♡
FUYUMI.
OÙ EST-CE QUE TU VEUX QUE JE JOUISSE ?
DIS-LE MOI.
TREMBLE
PLOF
TREMBLE
HAA
HAA
C'est pour ça...
PLOF
PLOF
AH ! AH !
AH ! ♡
ICI ? PLUS PROFOND ?
que je ne peux pas lui faire confiance.
AH !
HFF.
PLOF
PLOF
OU ALORS MOINS ?
TREMBLE
GLISSE
HIII... AH !
MN.
JE VEUX...
TOUT...!
POUSSE
HAA
POUSSE
HAA
TOUT !
Je ne...

PAF
AH ! AH !
MN !
FRISSON
AAAH ! AH !
PLOF
HF !
AH !
HF !
SQUICH
HAA
HAA
...Pourquoi est-ce qu'on est tellement excités ?
...JE SUIS EN TRAIN...
DE FAIRE L'AMOUR...
AVEC TOI, FUYUMI...
PLOF
HAA
OUI ...!
Ouah.. Faire l'amour avec un homme que j'aime...
PLOF
OUI...
PLOF
HAA
C'EST SI BON...
...OUI...
Je sais... qu'il n'agit pas de façon rationnelle pour l'instant... Il m'a choisi moi, après tout.
C'est ça, n'est-ce pas...? Pour lui, c'est comme être incapable de jeter un doudou de son enfance.

C'EST DE MA FAUTE.
J'AURAIS DÛ TE PRENDRE PLUS TÔT.
SI J'AVAIS FAIT ÇA...
ON AURAIT PU...

HAA
Ah ! OH ! ♡ IL NOUS FAUT UNE...
capote
PAS BESOIN.
HAA
...MAIS...
POUSSE
C'EST PAS GRAVE !
C'EST NOTRE PREMIÈRE NUIT EN-SEMBLE, DU COUP...
JE SUIS LARGE-MENT PRÊT...!
HAA
はぁ
HAA
はぁ
ALORS, VAS-Y...
OK ?
ÉCARTE
SQUICH
PINCE
PINCE ♡
VLAN
POUSSE
HIII ! ♡
......!
SCHLP
FRISSON
♡ AH...! MN ! MN.
AHN ! ♡
...DÉSO-LÉ, JE NE SUIS PLUS ... VIER-GE !
...C'EST PAS GRAVE.
HAA
HAA

EST-CE QU'ON NE DEVRAIT PAS... PASSER NOTRE PREMIÈRE NUIT ENSEMBLE ?
HAA
...TU CROIS ?
HAA
OUI... J'EN AI ENVIE.
Après tout, je suis déjà si excité...
HAA
JE VEUX TE FAIRE L'AMOUR, YOICHIRO...
HAA
ET CETTE FOIS, J'IRAI JUSQU'AU BOUT.
MN !
MH...
HF.
SQSH
HF.
SQSH
AH !
AH !

SHLK
くちゅ
......
SMACK
ちゅ
HAA
...UN BAISER DEVANT L'AUTEL ?
...OUI.
MNN !
NGH !
Oh... merde...
Je vais jouir juste en me faisant embrasser...
...JE VEUX PARTIR EN LUNE DE MIEL SUR UNE ÎLE TROPICALE.
...ÇA A L'AIR SYMPA. ON SERA BIEN LÀ BAS...
HAA
UN MOIS DANS UN ENDROIT OÙ ON NE CONNAÎT PERSONNE... OÙ TU NE REGARDES QUE MOI...
HAA
MMM ...
MAIS, AVANT ÇA...

JE DEMANDERAI À MON MANAGER DE FAIRE UN DISCOURS...
OH, ET PEUT-ÊTRE AUSSI À TAKARA ET KYOSUKE SAIONJI.
......
Mais à quoi il pense, cet idiot...?
ON POURRAIT PORTER TROIS COSTUMES DIFFÉRENTS...
UN SMOKING, UN HABIT TRADITIONNEL...
ET PEUT-ÊTRE QUE TU POURRAIS AUSSI PORTER UNE ROBE DE MARIÉE.
Il dit ça...
comme si c'était possible...
HA HA HA ...
SEULEMENT SI TU EN PORTES UNE TOI AUSSI.
TU VEUX ME VOIR PORTER ÇA ? ÇA POURRAIT TE FAIRE DÉFAILLIR.
ET APRÈS ÇA...
......

ON NE PEUT PAS...
SE MARIER, VOYONS...
TU ES CÉLÈBRE, ET LA FAMILLE HASUDA EST TRÈS CONSERVATRICE.
ET MA MÈRE... N'EST RIEN D'AUTRE QUE LA MAÎTRESSE DE TON PÈRE.
C'EST RIEN TOUT ÇA.
VOYONS VOIR...
ON PEUT TRÈS BIEN CÉLÉBRER ÇA À L'ÉTRANGER...
ET ICI, AU JAPON, SE CONTENTER D'ALLER DANS UN BON RESTO.
UN DE CEUX QUI ONT UNE PETITE CHAPELLE.
ON INVITE NOS FAMILLES, NOS AMIS, ET NOS COLLÈGUES DE TRAVAIL.
CE NE SERAIT PAS GRAND CHOSE...
MAIS AU MOINS ON POURRAIT...
CÉLEBRER ÇA AVEC EUX.

MARIONS-NOUS.
Carte de vœux du nouvel an
HÉ...
C'EST QUOI CE... ? TU TE FOUS ENCORE DE MOI...?
Toujours avec ça ?
TES DEUX AMIS SE SONT MARIÉS, PAS VRAI ?
IL N'Y AURAIT RIEN DE CHOQUANT À ÇA.
HAPPY
EW YEAR
Takara & Kyosuke Saionji
HEIN...?
TU PARLES DE TAKARA ET KYOSUKE...?
MAIS POURQUOI EST-CE QUE...?
CRIIII
MON RÊVE...
C'EST DE FONDER UNE FAMILLE AVEC TOI ET VIVRE DANS UNE PETITE MAISON.
TU POURRAS MÊME AMENER OZU ET KUROSAWA.
GLOU
GLOU
JE T'AIME.
...J'AI FINI PAR LE DIRE EN BONNE ET DUE FORME.
ATT-...
J'AI TOUJOURS VOULU...
AT-TENDS...
YOICHIRO...

Quoi ?
......
D'où ça sort, ça...?
JE SUIS SUR DES AFFICHES, DANS DES ÉMISSIONS TV, J'AI JOUÉ DANS LES FILMS DE TES RÉALISATEURS FAVORIS.
J'AI DES RÔLES À NE PLUS SAVOIR QU'EN FAIRE.
JE NE SUIS PAS AUSSI DOUÉ QUE MON PÈRE MAIS D'ICI UNE DIZAINE D'ANNÉES, JE DEVRAIS L'ÊTRE.
J'AI CONSTRUIT CETTE IMAGE DE «YOICHIRO HASUDA» AVEC LE DÉSIR...
QUE TU ME REMARQUES.
Il plaisante... n'est-ce pas ?
LA SEULE RAISON POUR LAQUELLE JE ME SUIS INVESTI DANS MA CARRIÈRE D'ACTEUR, C'ÉTAIT PARCE QUE TU ÉTAIS SI OBSÉDÉ PAR CE QUE TU VOYAIS À LA TV.
Il doit avoir une idée derrière la tête...

TU PEUX JOUER AVEC MOI AUTANT QUE TU VEUX, PUIS ME JETER.
...JE SUIS...
UN BON ACTEUR, PAS VRAI ?
TU L'AS REMARQUÉ, N'EST-CE PAS ?

JE...
M'OFFRE À TOI.

FUYUMI… TU NE VEUX PAS ÊTRE AVEC MOI ?
…NON.
TU NE VEUX PAS ÊTRE MON SERVITEUR ?
…NON.
À L'ÉPOQUE…
SI JE M'ÉTAIS ÉNERVÉ ET QUE JE T'AVAIS FRAPPÉ…
EST-CE QUE TU SERAIS RESTÉ À MES CÔTÉS POUR TOUJOURS ?
…OUI.
…TRÈS BIEN.
TU NE SERAS PLUS MON SERVITEUR.
SAISIT
…D'ACCORD.
C'EST MOI QUI SERAI LE TIEN.
…HEIN ?

ET POURTANT…
APRÈS TOUT CE TEMPS…
TU ME DEMANDES DE T'ÉPOUSER…!
TREMBLE
LE FAIT QUE TU SOIS GAY…
ET QUE TU VEUILLES QU'ON SE COMPORTE COMME UN COUPLE…
ESSUIE
…ÇA SUFFIT.
TU ME JETTERAS UNE FOIS DE PLUS QUAND TU EN AURAS MARRE DE MOI… ET JE NE LE SUPPORTERAI PAS…
BON SANG, D'HABITUDE J'ARRIVE À GARDER LA TÊTE FROIDE, MAIS…
QUAND TU ES…
PRÈS DE MOI…
Je vais me retrouver dans la même situation qu'à l'époque…
où je n'avais que Yoichiro…
et je n'y gagnerai que des cicatrices.
JE ME SURPRENDS À NE REDEVENIR QUE TON SERVITEUR.

Yoichiro en avait marre de moi depuis longtemps.
C'EST POUR ÇA QUE JE SUIS PARTI !
J'AI ARRÊTÉ DE CHERCHER UN ENDROIT OÙ JE ME SENTIRAIS BIEN AUX CÔTÉS DE QUELQU'UN...!
MOI AUSSI ÇA ME FAIT MAL...
DE NE PAS TROUVER ÇA...!!

MÊME SI...
SERRE
JE N'AVAIS QUE TOI.
TE FOUS PAS DE MOI.
TU AS COUCHÉ AVEC UN AUTRE HOMME... ET DANS MA PROPRE MAISON !
BIEN SÛR QUE JE L'AI FAIT ! J'AVAIS QUELQUE CHOSE À PROUVER !
JE ME DISAIS...
QUE TU T'ÉNERVERAIS CONTRE MOI...!!!
JE VOULAIS SAVOIR SI NOTRE RELATION ÉTAIT BIEN RÉELLE.
PARCE QU'ON NE S'ÉTAIT JAMAIS RIEN PROMIS L'UN À L'AUTRE !
Je me suis...
MAIS...
juste trompé.
TU NE T'ES PAS ÉNERVÉ. TU N'AS PAS ÉTÉ VIOLENT. TOUT CE QUE TU AS FAIT, C'EST DIRE QUE C'ÉTAIT «DÉGOÛTANT».
ET TU CROIS QUE J'AURAIS PU REVENIR APRÈS ÇA ?
C'EST DE MA FAUTE, C'EST ÇA ?

Qu'est-ce que je raconte...?
PERSONNE NE VOULAIT DE MOI...
ALORS JE ME DISAIS QUE SI TU AVAIS BESOIN DE MOI...
JE POURRAIS RESTER À TES CÔTÉS...
JE M'EN FOUTAIS QUE TU ME FRAPPES OU QUE TU ME TRAITES COMME UN SIMPLE JOUET...!
MÊME FAIRE L'AMOUR AVEC TOI, ÇA NE M'AURAIT PAS DÉRANGÉ...!
MAIS TOI...!
TU N'AVAIS PAS BESOIN DE MOI.
SERRE
TU AS ÉTÉ DE PLUS EN PLUS OBSÉDÉ PAR TON MÉTIER D'ACTEUR...
MÊME SI TU DISAIS QUE LES FILMS, C'ÉTAIT DES RAMASSIS DE CONNERIES !
MAIS BIEN SÛR, C'ÉTAIT LOGIQUE QUE LE FILS DE HIROHIKO HASUDA OUBLIE JUSQU'À MON EXISTENCE...!

…ÇA.
NE DIS PAS… ÇA.
Qu'est-ce que j'ai ressenti pendant tout ce temps ?
C'EST TOI QUI EN AS EU MARRE ET QUI M'AS JETÉ…!
Qu'est-ce que je viens de dire…?
……
…À L'ÉPOQUE, AU MANOIR…
JE NE VIVAIS QUE POUR UNE SEULE CHOSE…
ET C'ÉTAIT… POUR TOI…!

TREMBLE
...SI TU DÉTESTES ÇA À CE POINT, J'ARRÊTE.
...JE SAVAIS DÈS LE DÉBUT...
QUE TU ME DÉTESTAIS.
...que je «le détestais»...?
Le détester...?
Pourquoi est-ce que ça sonne si simple dans sa bouche ?
T'IN-QUIÈTE PAS...
ON SE SÉPARERA, COMME PROMIS.
Mes sentiments envers lui...
Le simple fait qu'il me touche suffit pour me faire perdre totalement le contrôle.
Comment est-ce que je pourrais exprimer ça avec des mots ?
ENFIN...
ESSAIE AU MOINS DE NE COUCHER QU'AVEC DES MECS POUR QUI TU AS DES SENTIMENTS À PARTIR DE MAINTENANT...
ET ARRÊTE DE LES LAISSER TE JETER QUAND ILS EN ONT MARRE DE JOUER AVEC TOI.
...Décidément, il ne comprend pas.

......
HAA
......!
......!
HAA
HAA
HAA
Oh oh.
BRR
Je le savais, on dirait...
......!
SERRE
HAA
HAA
...TSS !
vraiment un roi.
Il m'a déjà soumis rien qu'avec ça...!
HAA
POF

POF
Y...
YOICHIRO !
HÉ !
UN...
UN INSTANT...!
.....!
FUYUMI...!
TIRE
.....!
FU-YUMI !
GNAP
AH !
HAA
AH !
ENFONCE
FUYU-MI...
TOUT DOUX...
TU AS L'AIR PRÊT.
SCHLIK
HAA
HÉ !
SÉRIEUX ...
ATT-...!
BOBOM
HF !
HF !
Oh non...! Ça craint...! Je ne contrôle rien...!
Ça irait si c'était moi qui le touchais...
Mais là c'est lui qui me touche...!
FRISSON
S'IL TE PLAÎT.
AT-TENDS.
STOP...!
BOBOM
BOBOM

C'est moi qui ai fini par m'exciter...
Je suis pathétique d'avoir pleuré...
et de l'avoir supplié de nous laisser rompre...
MMN.
NH.
Mais...
lorsqu'il m'a montré ce qu'il valait sur scène...
SHLP
SHLP
SHLP
MPF ! MNN.
MN !
ATTRAPE
Je...!
.....!
MH ...!
MN!
MN !
TIRE
GLOUPS !
MH.
TIRE
SCHLK
SCHLK

SMACK
TU VAS RÉUSSIR À GÉRER ?
SMACK
JE SUIS PAS BOURRÉ AU POINT D'AVOIR UNE DEMIE-MOLLE À CAUSE DU WHISKY. ♥
C'EST PAS COMME SI J'ARRIVE-RAIS À TE BAISER EN RESTANT SOBRE.
......
ENFIN, C'EST LE HÉROS DU JOUR...
SMACK
APRÈS ÊTRE ARRIVÉ À JOUER UN RÔLE PRINCI-PAL DANS CES CIRCONS-TANCES-LÀ, ON NE VOIT QUE LUI DANS TOUS LES MÉDIAS.
...Yoichiro.
Depuis qu'il s'est pointé devant moi avec ce bouquet...
Là, tout de suite, c'est moi qui mène la danse.
Bien fait pour lui.
hm ...?
Il voulait me regarder du haut de son mépris.
Je veux bien te baiser, mais je ne sortirai pas avec toi. On ne serait que des sex friends.
Ou alors, je sors avec toi, mais on ne fera jamais l'amour.
Ce n'est plus mon roi.
C'est juste un puceau.
Mais j'ai grandi, maintenant.
Je pensais lui faire faire ce que je voulais...
pour qu'il perde le contrôle, oublie sa promesse, et pouvoir lui renvoyer ça à la gueule.
Mais finale-ment...
Ok ...

TU ES IVRE, FUYUMI...?
HIC
MOI ? PAS DU TOUT ! ♥
J'ai atteint ma limite...
Je ne peux plus faire semblant de rester stoïque...
ni contenir mon cœur qui s'emballe.

Après la fin des représentations de la pièce...
et pour la première fois...
j'avais hâte d'avoir des nouvelles de Yoichiro.
...CE SOIR, ANNULONS NOTRE ARRANGEMENT DE COUPLE, D'ACCORD, YOICHIRO ? ♥
Maintenant, je peux enfin mettre fin à mes souffrances.
CRIIII
ギッ
OUI...
TERMINE ÇA EN ME FAISANT DU BIEN.
OK. ♥
...AT-TENDS UN PEU.

Shinkonsaa!

Après être allé chez Fuyumi.

...D'ACCORD...
......
...MON FUYUMI.

HÉ.
FAISONS L'AMOUR.
......
...HÉ.
...NAVRÉ.
JE NE VEUX PLUS ÊTRE AVEC TOI.
J'EN AI ASSEZ QUE TU ME FASSES MARCHER.
JE T'EN PRIE...
SI TU TIENS VRAIMENT À MOI, ÉCOUTE MA REQUÊTE...

HAA
TU M'AIMES TANT QUE ÇA ?
TU SAIS...
...IL FALLAIT QUE JE GARDE À L'ESPRIT CHAQUE ASPECT DE LA PIÈCE...
MAIS DURANT LA SECONDE MOITIÉ, JE N'AI RIEN VU D'AUTRE QUE TOI.
...EN VÉRITÉ...
J'AI BEL ET BIEN VU TOUS TES FILMS ET TES SÉRIES.
DEPUIS TOUT CE TEMPS.
TU T'ES... AMÉLIORÉ.
VRAIMENT... TU ES BIEN MEILLEUR QUE TU L'ÉTAIS À L'ÉPOQUE.

HAA
......
...DIRE QUE TU T'ES ÉPUISÉ À LA TÂCHE À CE POINT...
...TU EN FAIS...
VRAIMENT TROP...

CLAP
パチ
CLAP
パチ
CLAP
パチ
CLAP
パチ
パチ
パチ
CLAP
CLAP
パチ
CLAP
パチ
パチ
CLAP
パチ
CLAP
パチ
Loge Yoichiro Hasuda
ガチャ
CLAC
POF
OH.
CLAC
BLA
BLA
MON CHER FILS PREND UNE PAUSE, DU COUP C'EST MOI QUI VAIS PARLER AVEC VOUS.
OUI, BONSOIR.

Vraiment...
c'est tout ce dont j'ai besoin.
BRAVOOOOOO
CLAP
CLAP
CLAP
CLAP
CLAP
CLAP
CLAP
CLAP

Fuyumi me regarde.
*Mariage Hebdo

Mon amant avec qui je ne peux pas coucher.
C'est étrange, comme forme d'amour...
Mais ça me convient très bien.
Fuyumi...
Fuyumi me regarde.
Je me fiche qu'il ne soit interessé que par le scénario de la pièce...
ou s'il imagine mon père à ma place.
À cet instant précis, je suis heureux.
...Fuyumi.

FWOOSH
...Fuyumi.
J'ai pris mon courage à deux mains et j'ai essayé de lui parler, mais...
J'ai oublié tout ce que j'avais prévu de lui dire.
(Ce qui ne m'était encore jamais arrivé quand je jouais une scène.)
Sors avec moi...
Fuyumi.
Et je ne suis arrivé à rien.
Je le savais.
Je pense que je me suis loupé sur plein de points...
mais par je ne sais quel miracle, j'ai quand même réussi à sortir avec lui.
J'en ai marre de stresser à propos de ça, donc je vais me contenter de toi.

Films de Fuyumi
OUAF
J'ai fait une parade nuptiale, tout comme cet oiseau.
Remue ton fiak
Huile d'olive
FROTTE
Je me demandais si Fuyumi me remarquait ...
YOICHIRO, TU Y ES ARRIVÉ !
TU AS DÉCROCHÉ LE PREMIER RÔLE POUR «LE ROI DÉMON» !!
VOTRE DERRIÈRE EST SUBLIME !
L'INVITÉ D'AUJOURD'HUI EST LE PROPRIÉTAIRE DE CE SUPERBE POSTÉRIEUR : YOICHIRO HASUDA !
J'avais peur que ce ne soit pas le cas...
POC
...Hé...
ET BIEN, EN DEHORS DU FAIT QUE VOUS SOYIEZ DEUX HOMMES..
C'EST QUAND MÊME GÉNIAL QUE TU AIES TROUVÉ QUELQU'UN EN QUI TU AIES ASSEZ CONFIANCE POUR L'ÉPOUSER.
Fuyumi...
Note : Yoichiro traînait souvent incognito sur le lieu de travail de Fuyumi.
C'EST UNE CHOSE DONT JE NE PEUX MÊME PAS RÊVER, PERSONNELLEMENT.

Je suis tout seul.
FUYUMI ME MANQUE.
Mais...
comme vous le savez...
je n'ai plus rien.
Je me demande s'il remarquerait quelqu'un qui n'a plus rien...
s'il revenait...
......
Je suis complètement vide à l'intérieur.
Dans ce cas...
Yoichiro, la particularité de cet oiseau, c'est...
si j'arrive à prendre des choses depuis l'extérieur...
Comme cet oiseau du sud.
Comme un «jardinier».
Il faut que je fasse cette pièce.
Je m'approprierai des choses que Fuyumi aime...
J'en prendrai plein.
Jardinier
(trouvé en Nouvelle Guinée, Australie)
Pendant la saison des amours, le mâle collecte du feuillage, des pierres, des feuilles, de l'herbe, et autres petits trésors afin de créer un nid ornementé
irer les femelles.

Il n'y avait personne d'autre qui me voyait comme autre chose que le fils de Hirohiko Hasuda.
Après tout ça, j'ai été submergé par le désespoir pendant un temps.
Si je n'étais pas le fils d'Hirohiko Hasuda, justement, je n'aurais jamais pu trouver du travail.
Cette époque...
......
...JE...
N'AI PLUS PER-SONNE...
a dûré longtemps.
...Pépé.
FLAP
FLAP
Yoichiro ! Cet oiseau bat des ailes comme ça !
Je n'ai plus rien.

......
DÉGOÛTANT...
Son partenaire n'était qu'un jeune premier au pif de l'agence de mon père.
Après ça, Fuyumi a quitté la famille Hasuda...
et le futur auquel je croyais a soudainement pris fin.
Le Fuyumi que je pensais connaître...
n'existait que dans ma tête.
Enfin, ça faisait sens.
Un garçon qui était mignon, qui écoutait tout ce que je disais...
qui souriait même quand je le maltraîtais et qui en plus me le pardonnait ?
Pas moyen qu'un garçon comme ça existe vraiment.
J'ai compris, désormais.
Fuyumi ne voulait que montrer son bon côté à Hirohiko Hasuda...
et au final, il m'a fait réaliser à quel point j'étais un enfant gâté.

Fuyumi...
m'a trahi.

YOICHIRO.
MERDE, C'EST PAS MON JOUR...
L'ACTRICE N'A PAS AIMÉ SON MAQUILLAGE, DU COUP ELLE A ÉTÉ EN RETARD. LA MÉTÉO ÉTAIT POURRIE, DONC ON A DÛ ARRÊTER LE TOURNAGE ET RECOMMENCER À ZÉRO.
ET EN PLUS -
MONSIEUR... IL N'Y AVAIT PAS DE SCÈNE DE BAISER À LA BASE, DANS LE SCRIPT.
OH, OUI, JE L'AI RAJOUTÉE. EMBRASSER UNE POP STAR, C'EST UN DES BONS CÔTÉS DE CE MÉTIER, APRÈS TOUT !
C'EST PAS COMME SI C'ÉTAIT TON PREMIER BAISER.
PAS AVEC UN SI BEAU VISAGE, TU ME LA FAIS PAS À MOI.
HA HA HA !
À moins qu'elle ne soit pas ton genre ?
S'ESSUIE
L'évènement qui a détruit ma relation avec Fuyumi...
FUYU-...
?
IL EST AVEC QUELQU'UN ?
HA HA HA !
FRRRR
est arrivé quelque temps après que j'aie eu mon diplôme.
C'était l'hiver de nos 18 ans.

qui est vraiment...
le Yoichiro de qui je me suis rapproché ces derniers temps.
YOICHIRO !
À TABLE...
JE N'AI PAS FAIM.
TOUT VA BIEN ?
...ÇA VA.

PARFOIS... JE ME DIS...
Quand tu as fini, sors de scène à ce moment-là.
Bouges comme tu le sens, je suivrai le mouvement.
Cinq minutes avant le lever de rideau !
...QUE ÇA DOIT ÊTRE TERRIFIANT.
↑script
JE...
SUIS INQUIET.
OUI...
JE M'EN DOUTE BIEN.
MOI AUSSI J'AI LES MAINS MOITES.
BON, JE VAIS VOUS LAISSER, MAINTENANT.
OH, D'AC-CORD.
CLAC
...Je n'ai pas peur que Yoichiro échoue.
C'est largement envisageable que Yoichiro réussise ce tour de force sans aucune difficulté.
Si c'est le cas, je découvrirai sûrement...

...Je suis si près de la scène...
EUH...
VOUS ÊTES SÛR QUE ÇA NE DÉRANGE PAS SI JE M'ASSIEDS ICI ?
BIEN SÛR QUE NON !
C'EST LA PLACE QUE YOICHIRO VEUT QUE VOUS OCCUPIEZ.
J'ai moi-même réservé cette place pour vous, ne vous inquiétez pas.
...D'AC-CORD.
JE SAIS QUE JE NE SUIS PAS OBJECTIF, PUISQUE JE SUIS SON MANAGER, MAIS YOICHIRO HASUDA EST VRAIMENT INCROYABLE.
SON PROFESSIONA-LISME PENDANT LES RÉPÉTITIONS A SUFFI À ME METTRE À GENOUX.
Ouah.
JE N'EN DOUTE PAS !
SA CONCEN-TRATION EST DIGNE D'UN SUR-HOMME.
Mais bon, pour arriver à s'occuper de deux surhommes au quotidien...
il doit être un manager super doué, lui aussi.
JE SUPPOSE QUE VOUS IGNOREZ CE QUI S'EST PASSÉ...
APRÈS QUE VOUS AYEZ QUITTÉ LA RÉSIDENCE HASUDA, MAIS...
YOICHIRO A TRAVAILLÉ EXTRÊMEMENT DUR POUR ARRIVER LÀ OÙ IL EN EST AUJOURD'HUI.
BROUHAHA
BROUHAHA
BROUHAHA
IL EST ASSIDU, ET NE PREND PRESQUE JAMAIS DE JOURS DE REPOS.
IL A ENCORE BEAUCOUP DE TALENTS CACHÉS À RÉVÉLER.
ET POURTANT, IL A ACCEPTÉ UN TRAVAIL AUSSI RISQUÉ ET SOUDAIN QUE CELUI-CI.

C'EST D'ACCORD.
BLING
BLING
J'Y VAIS SUR-LE-CHAMP.
Merci !
C'est quoi leur problème, à ce père et son fils !!?
HÉ !!
YOICHIRO, ÉCOUTE-MOI !!
SURSAUTE
......!
TU COMPTAIS ALLER VOIR CETTE PIÈCE, N'EST-CE PAS, FUYUMI ?
APRÈS TOUT, C'EST CELLE DE MON PÈRE, ET TU L'ADORES.
...O-OUI.
ALORS, TIENS-TOI PRÊT.
JE FERAI EN SORTE QUE TU NE VOIES QUE MOI.
...OK.
Le jour de la représentation...
la nouvelle du changement de casting devint virale sur les réseaux, et a ébranlé le monde du théâtre.
Les billets avaient déjà tous été vendus...
mais sous la demande croissante du public, des places debout fûrent mises en place à la dernière minute.

Tu sais que je prépare cette pièce depuis dix ans.
C'était toujours prévu que tu apparaisses comme guest-star, donc tu as déjà le script.
Attends, attends, attends.
Y'a une sacrée différence entre un rôle principal et un rôle de guest-star. La répétition en costume a lieu demain et la première après-demain ?
Tu as largement ce qu'il faut pour ce rôle.
Et tu n'es pas affilié avec une grosse agence, donc ce sera bon pour ta carrière.
C'est mon agence à moi qui gère tout ça, de toute façon.
Il n'arrivera jamais à être prêt à temps...
Et surtout, mes 50 ans de carrière dans le showbiz me font dire...
qu'il n'y a que toi qui puisses le faire.
Le feras-tu, Yoichi ?
Tu es le seul sur lequel je peux compter.
SPLASH
YO-...
YOICHIRO !?
......
La voilà ! Une réaction honnête de la part d'Hirohiko !
Bien entendu, on reprendra le script pour adapter les changements.
Ce serait bien plus logique de repousser l'échéance.
Ça représenterait une grosse perte, bien sûr, mais...
si ça tourne mal, la responsabilité de l'échec retomberait sur Yoichiro, il n'acceptera jamais...

C'était ça, tes attentes... N'est-ce pas, Fuyumi...?
(rêveries d'un puceau de 26 ans)
SPLASH
YOICHIRO...
DOIT REMPLACER UN DES ACTEURS ?
FUYUMI NARUSE
(26 ans, et très expérimenté avec les hommes)
QUOI !? SÉRIEU-SEMENT ?
J'AI RIEN BU NI RIEN FUMÉ ! LE PARTENAIRE DE HIROHIKO A SOUDAINEMENT FINI À L'HÔPITAL..!
!!
S'il te plaît, Yoichi !
TON PÈRE...
VEUT QUE TU LE REMPLACES.
Cette pièce est très importante.
HIROHIKO..!? ATTENDS, QU'EST-CE QU'IL DIT..!?
Je ne veux pas qu'on annule la représenta-tion.

...Je me demandais si, un jour, on ferait l'amour.
Cette simple idée me faisait piaffer d'impatience.
Le simple fait d'être à ses côtés me rendait extatique.
Mais, une fois que je serai en lui...
pas question de le laisser s'en aller.
Je me disais...
que Fuyumi attendait ce moment lui aussi.
...Mais c'était bien trop tôt.
YOICHIRO.
QUAND EST-CE QUE TU REVIENS ?
MON SHOOTING DURE JUSQU'À 21H, DONC JE REVIENDRAI DANS CES EAUX-LÀ.
D'ACCORD !!
BON COURAGE !
Allez, Yoichiro !!
Après ...
que j'aie tracé ma propre voie.
Après...
que j'aie eu mon diplôme...

PAF
PAF
......!
ARGH!
DÉSOLÉ, YOICHIRO.
PAF
JE GARDERAI MES DISTANCES AVEC FUYUMI !
MAIS
....
LES VIES DES PARENTS N'ONT RIEN À VOIR AVEC CELLES DE LEURS ENFANTS, DE TOUTE FAÇON.
PAF
J'EN AI RIEN À FOUTRE SI SA MÈRE EST UNE ESCORT, UNE HÔTESSE, OU JE SAIS PAS QUOI.
SI ELLE GAGNE DE L'ARGENT, ALORS C'EST JUSTE UN BOULOT.
Et puis toi aussi, Fuyumi, ne fais rien sans que je t'en donne la permission.
PAF
FROTTE
Fuyumi et moi étions diamètralement opposés...
Mais il y avait quelque chose qui nous rapprochait.
Tant que Fuyumi serait à moi, je pourrai être heureux.
De temps en temps, il lui arrivait de m'oublier pendant un bref instant quand il regardait un film qui absorbait toute son attention.
Hé ho, Fuyumi.
BLOQUE
Et moi, je souhaitais que ce film disparaisse dans les flammes.

MIAOU
...C'est un ange !!!
Comme rien ne me faisait éprouver la moindre chose, je l'analysai calmement.
Assez adorable pour faire tourner les têtes... Des cheveux aussi touffus qu'un poussin... Et tellement de charme qu'il était comme un ange comme ceux que peignait Raphael lui-même ! Je n'avais rien vu de plus mignon...!!!
...Je le voulais.
Il était à moi.
PÉPÉ... NE LE TOUCHE PAS.
NE LUI PARLE PLUS JAMAIS.
Y-YOICHIRO !!?
Comme si c'était écrit, cet ange s'inclina devant moi.
Je suis le roi, et tu es mon serviteur.
Oui, messire.
Fuyumi. Assis. Fais le beau. Donne la papatte.
J'ARRIVE PAS À CROIRE QUE CE GARÇON SI MIGNON M'OBÉIT.
EN UN MOT, C'EST GÉNIAL...
CLIC
CLIC
CLIC
CLIC
Il me pardonnait tout. Il m'acceptait.
Il ne regardait que moi.

Mais tant pis pour eux.
Hirohiko Hasuda...
Personne ne sait ce qu'est le bonheur ...
ne me parle pas.
pour personne d'autre que soi-même.
Et il ne me regarde pas non plus.
Il est probable que je ne représente rien à ses yeux.
C'EST BIEN FAIT POUR EUX...
Ainsi, alors que je vivais complètement insensible au monde autour de moi...
HIIII
HIIII
Ôoh !
BRAVO, YOICHIRO !!
Quand j'avais dix ans, Fuyumi Naruse est entré dans ma vie.
ON DIRAIT TON PÈRE, QUAND IL A JOUÉ LE RÔLE DE CE JOCKEY PRODIGIEUX.
!!!
Hein...? YOICHIRO.
EXCUSE-MOI, JUSTE UN INSTANT.
ATTRAPE
!!!
TOI !
SALE PETIT ENFANT DE CATIN !! JE T'AI DÉJÀ DIT DE NE PAS TE MONTRER PAR ICI !
SNIF -
SILENCE !!

La maison dans laquelle j'ai grandi était gigantesque.
Comme mon père était une star de ciné, j'ai grandi dans les hautes strates de la société.
En un mot, je me sentais seul.
Personne ne me voyait...
comme autre chose que le fils d'Hirohiko Hasuda.
C'EST BIEN LE FILS D'HIROHIKO.
IL A COMME UNE AURA AUTOUR DE LUI.
J'ESPÈRE QUE TU SAURAS UTILISER TON TALENT POUR SUIVRE LES TRACES DE TON PÈRE, YOICHIRO.
TA MÈRE ATTEND QUE TU FASSES DE GRANDES CHOSES DEPUIS LE PARADIS !

Shinkonsan'

Après les premières retrouvailles.

SI TU OUBLIES CETTE CONDITION, QUE LE SEXE PROVOQUERA NOTRE RUPTURE, JE FERAI L'AMOUR AVEC TOI.
HMPH
QUOI ..!?
ÇA REVIEN-DRAIT À DIRE QUE JE VEUX FAIRE L'AMOUR AVEC TOI..!
Pourquoi il ne veut pas qu'on se sépare ?
ÇA ME VA POUR L'INSTANT.
UN JOUR, JE TE POUSSERAI À ME DIRE QUE TU VEUX FAIRE L'AMOUR AVEC MOI.
......
J'en ai aucune idée...
CLAC
DÉSOLÉ DE VOUS DÉRANGER DURANT VOS ÉBATS !!
HAA
HAA
C'EST À PROPOS DE LA PIÈCE D'APRÈS-DEMAIN... VOTRE PÈRE EST AU BOUT DU FIL...!
.....
de qui est vraiment Yoichiro...

AH OUAIS ?
CE SERAIT SYMPA...
Qu'est-ce...
qui se passe...?
Ce type... C'est vraiment Yoichiro ?
Il parle ouvertement tout en me lavant les cheveux...
On dirait vraiment quelqu'un d'autre...
Est-ce qu'il serait encore en «mode acteur»...?
HÉ
TU TROUVES PAS ÇA BIZARRE, LE FAIT QU'IL NE VA RIEN SE PASSER ENTRE NOUS MALGRÉ CETTE AMBIANCE ?
SPLASH
TU BANDES COMME UN ÂNE.
JE NE TENTERAI RIEN.
Pourquoi est-ce qu'il se plie à mes conditions ?
SI JE TE TOUCHE, TU ROMPRAS AVEC MOI.
ET BIEN... C'EST VRAI, OUI.
C'est pourtant lui qui fait toujours ce qu'il a envie de faire.

TOUT COMPTE FAIT… C'EST ASSEZ AGRÉABLE.
PRENONS-NOUS UNE BAIGNOIRE ASSEZ GRANDE POUR NOUS DEUX.
MAIS JE PRÉFÈRERAIS QUAND MÊME UNE MAISON ASSEZ PETITE.
…MAIS DE QUOI TU PARLES ?
LES GRANDES MAISONS SONT DIFFICILES À CHAUFFER.
FSSSSSSSH
MON RÊVE, C'EST…
DE VIVRE DANS UNE PETITE MAISON.

...TU LES AS TOUJOURS EU LONGS.
Touche pas à mes poils pubiens.
ON DIRAIT QUE ÇA FAIT UNE ÉTERNITÉ.
BONK
J- J'AI PAS EU LE CHOIX QUE DE ME LES RACCOURCIR...
MON EX LES A BRÛLÉS LORS D'UNE DISPUTE...
...NE SORS PAS AVEC DES LOSERS COMME ÇA.
Il peut parler, lui.
...NE LAISSE PLUS QUI QUE CE SOIT TE TOUCHER.
Est-ce qu'il sous-entend qu'il ne veut pas que je touche des poils pubiens plus frisés que les siens...?
...Enfin...
c'est inattendu...
...mais c'est...

GUSSE
Non mais quoi ? Qu'est-ce qu'il fait ?
......
Pourquoi est-ce qu'il se met à lire ce magazine sur le mariage dans le bain ?
Il en a encore quelque chose à faire, de cette histoire de mariage ?
FWP
SOUPIRE
Trois astuces pour que votre relation dure jusqu'au mariage.
1
La communication
......
TES CHEVEUX...
JE VAIS TE LES LAVER.
Je peux au moins te toucher ça, pas vrai ?
...HEIN ?
OK, SI TU VEUX...
FLAP
RÉPONDS CONVENABLEMENT.
SURSAUTE
OUI, MESSIRE ! ♥
FROTTE
FROTTE
FROTTE
......
FUYUMI, AU TOUCHER...
TES CHEVEUX ME FONT PENSER À DES POILS PUBIENS.
Est-ce que ses poils sont aussi doux ?
FARFOUILLE
TOUT DOUX
!?

SPLASH
HAA
AH !
FRÉMIT
SPLISH
FAP
FAP
FAP
SPLISH
SPLASH
NGH !
...MN !
SPLASH
.....!
BOBOM
FRISSON
MN... AH.
HAA
HAA
TREMBLE
Yo...ichiro...!
Enfin...

HAA
HAA
はぁ
PALPITE
ズキン
TREMBLE
ぴくん
PALPITE
ズキン
FAP
こすっ
TREMBLE
びっ
こすっ
FAP
CARESSE
すり
FROTTE
クリ
FROTTE
クリ
PIIIIIINCE
きゅううう
TREMBLE
TREMBLE
ビクビク
......
......!
MN.
Yoichiro...
Approche...!
Allez...!
HAA
はぁ
HAA
...AH!
SPLISH
ちゃぷ

et de me baiser.
Ce regard exprime tout ça mieux que des mots...
TREMBLE
.....!
TREMBLE
HAA
IL SE MASTURBE TOUT LE TEMPS EN PENSANT À MOI, PAS VRAI ?
SERRE
CET HOMME LÀ..? YOICHIRO HASUDA ?
...Oh.
......
HAA
C'est pas bon...
Je ne tiens plus...

CLIC
CLIC
HÉ.
NE DÉTOURNE PAS LE REGARD.
......
Un homme aussi beau que lui ne ferait jamais de moi son partenaire.
...Tout du moins, je comprendrais qu'il ne le veuille pas.
...Mais...
C'est pas du tout... Ce qui semble se passer.
FRISSON
......
Ce regard intense trahit le fait...
qu'il a envie d'embrasser mon torse...
d'être au plus profond de moi...

IL FAUT D'ABORD QUE TU ENLÈVES TES VÊTEMENTS.
BOBOM
OH, C'EST VRAI.
J'AVAIS PROMIS DE NE PAS TE TOUCHER.
BOBOM
BOBOM
Hein ...?
BOBOM
DÉSHABILLE-TOI EN TROIS SECONDES.
NE ME FAIS PAS ATTENDRE.
BOBOM
BOBOM
.....!?
.....!!?
PLIC
......
...Ça c'est bien le célèbre Yoichiro Hasuda.
JE NE SAIS PAS QUOI FAIRE.
Je ne peux pas nier qu'il est quand même beau.

FSSSSSH
«Beau p'tit cul»...
へな
POF
SI TU...
...FUYUMI.
VEUX PRENDRE TA DOUCHE AVEC MOI...
CLANG

Yoichiro aussi vit dans un stress permanent.
TAP
TAP
Son éminent père permettait à son amante et à son fils de vivre chez lui, après tout.
LA JOURNÉE A ÉTÉ DIFFICILE, MR LE DIRECTEUR ?
J'AI BIENTÔT FINI...
Mais je ne suis plus obligé de sortir avec lui.
GNIII
ÇA ME VA TRÈS BIEN COMME ÇA...
FSSSH
Dans ma vie, Yoichiro n'est rien d'autre...
CLAC
YOICHIRO...!
qu'un obstacle.

Oh-oh...
HAA
...C'est pas bon.
Je n'aurais pas dû venir voir ce film...
BZZT
SURSAUTE
......
HAA HAA
FROTTE
ALLO ? YOICHIRO ?
QUOI ? HEIN ? JE VIENS D'EN SORTIR.
NON, JE NE DRAGUE PAS DES MECS.
C'EST QUI QUE TU TRAÎTES DE PORNO AMBULANT, LÀ ?
HEIN ?
...UN HÔTEL ?
LÀ, TOUT DE SUITE ?
HÉ...!
Il faut que je rompe...
DIIING
aussi vite que possible avec Yoichiro.

CINEMA IITY
JE NE VAIS PAS CHANGER MES HABITUDES JUSTE POUR ALLER VOIR UN FILM DE YOICHIRO HASUDA !
Roi Démon
BLA
BLA
BLA
C'ÉTAIT PAS MAL DU TOUT !
MON CŒUR BAT ENCORE LA CHAMADE ! J'AI À PEINE TOUCHÉ MA BOIS-SON.
J'AI ÉTÉ TELLEMENT IMPRESSIONNÉ PAR LA DER-NIÈRE SCÈNE, AVEC LA CHAUDIÈRE.
ET PUIS, QUEL BEAU P'TIT CUL !
BLA
BLA
TITUBE
M-...
MONSIEUR, EST-CE QUE ÇA VA ?
VOUS VOUS SENTEZ BIEN...?
BOBOM

C'EST GÉNIAL, J'APPRÉHENDAIS BEAUCOUP.
J'AIME LES ACTEURS, MAIS JE N'AI JAMAIS APPRIS COMMENT ÉCRIRE UN ARTICLE.
VRAIMENT ? JE TROUVE QUE TU ES FAIT POUR CE TRAVAIL !
DU COUP...
PUISQU'ON EN PARLE, JE VOUDRAIS TE DEMANDER UNE FAVEUR...
EST-CE QUE TU POURRAIS ÉCRIRE UN ARTICLE SUR LA PERFORMANCE DE HIROHIKO HASUDA AU THÉATRE, CELLE QUI DÉBUTE APRÈS-DEMAIN ?
!!
T'ES SÛR QUE C'EST MOI QUI DEVRAIS L'ÉCRIRE ?
Ç- Ç- ÇA VEUT DIRE QUE YOICHIRO HASUDA VIENDRA FAIRE UNE APPARITION EN TANT QUE GUEST-STAR.
CLING
ガタン
ON EST À COURT DE STAFF, ÇA NOUS SERAIT D'UNE AIDE PRÉCIEUSE.
ÇA SERAIT TON ENTRÉE DANS LA COUR DES GRANDS.
JE TE RAPPELLERAI POUR TE DONNER PLUS DE DÉTAILS.
LE BEAU P'TIT CUL DE YOICHIRO HASUDA.
CHUCHOTE
C'est un ticket pour l'avant-première de son film.
HM ?
JE VAIS ME RETENIR D'ALLER VOIR CE FILM. ♥ Donne le à quelqu'un d'autre !
HEIN ? MAIS TU REGARDERAIS N'IMPORTE QUEL FILM, POURTANT.
ALLEZ, SHIN, ON VA CHEZ MOI. ♥
DANS CE CAS, JE...
OH, NON, C'EST PAS GRAVE, C'EST PAS MON TRUC DE TOUTE FAÇON.

Le fait de voir...
ce monde étincelant derrière l'écran...
me remplissait le cœur...
...Ça m'a sauvé la vie.
Je n'aurais jamais cru qu'Hirohiko, l'homme qui vivait dans ce monde-là...
deviendrait l'amant de ma mère, et nous autoriserait à nous installer chez lui...
LA TÉLÉ CHEZ LES HASUDA ÉTAIT GIGANTESQUE, MAIS YOICHIRO M'EMPÊCHAIT TOUJOURS DE LA REGARDER.
Ah ouais ? Tu aimes les films, Fuyumi ? Qu'est-ce qui te fait les aimer autant ?
Yoichiro, 16 ans
Fuyumi, 16 ans
«Les films, c'est qu'un ramassis de conneries.»
LE DERNIER ARTICLE QUE TU AS ÉCRIT POUR NOUS...
ET QUI PARLAIT DE HIROHIKO HASUDA A EU BEAUCOUP DE SUCCÈS ET A FAIT LE BUZZ.
ON PENSAIT EN FAIRE UNE SÉRIE PLUTÔT QU'UN ÉPISODE ISOLÉ.
QUOI ?
VRAIMENT ?
Le mensuel du cinéma

commence à atteindre ...
SOUPIRE
ma limite ...
HIIII !
HAAAAA
?
QU'EST-CE QU'IL Y A, SHIN ? TU VEUX QU'ON S'AMUSE, TOUS LES DEUX ?
ARRÊTE ÇA, FUYUMI.
PCHHH
DÉSOLÉ, MAIS...
HI HI
HIROHIKO HASUDA EST PLUS MON GENRE DE MEC. ♥
HIROHIKO HASUDA ? IL EST TELLEMENT TÉNÉBREUX.
Hirohiko et Yoichiro Hasuda vont monter sur scène ensemble !!
Mais, Hirohiko était... mon premier amour.
Quand j'était petit, ma famille était très pauvre.
On vivait dans un appartement délabré qui sentait mauvais, et je mâchais du carton pour essayer de calmer ma faim...
en regardant des films et des séries à la TV.

Mais ça m'énerve que ce soit moi qui en fasse autant pour le pousser à faire l'amour avec moi...!!!
FUYUMI, JE POURRAIS COMMANDER ?
BIEN SÛR !
Et ça m'énerve encore plus qu'il m'écoute bien plus qu'il avait l'habitude de le faire.
Avant, il aurait juste pris ce qu'il voulait de moi, que ce soit une relation amoureuse, ou simplement du sexe.
Il aurait envoyé balader n'importe quelle condition que j'aurais pu poser.
TCHAC
Mais bon, il me traîte toujours comme si j'étais un magasine porno...!!
Tout ça parce que les femmes ne lui conviennent pas.
TYPIQUE D'UN LOSER COMME LUI !
...Enfin bref...
Je sais pas comment ça se fait que ça ne le dérange pas de ne pas faire l'amour...
Mais j'ai pas le droit de batifoler non plus, du coup...
après une grosse dispute
......
...Je...

BRRR
C'EST TON GENRE DE MEC, PAS VRAI ?
Ça m'énerve tellement.
J'ADORERAIS SORTIR AVEC LUI, OUI.
IL PARAÎT QUE C'EST UN VRAI PLAYBOY, CELA DIT.
ÇA ME DÉRANGERAIT PAS S'IL S'AMUSAIT UN PEU AVEC MOI.
S'ÉNERVE
S'ÉNERVE
S'ÉNERVE
C'est un puceau.
Je n'aurais jamais cru que quelqu'un comme lui me mènerait par le bout du nez !
Mais ça fait déjà deux mois...
FUYUMI, QU'EST-CE QUE TU EN DIS ?
Voyons voir...
IL N'A PAS L'AIR FACILE À VIVRE !
ÇA A L'AIR D'ÊTRE LE GENRE DE MEC QUI SE RAMÈNE CHEZ TOI SANS PRÉVENIR SIMPLEMENT PARCE QUE TU N'AS RIEN DE PRÉVU...
QUI TE TRAÎNE DANS DES RESTOS POUR LESQUELS IL FAUT RÉSERVER SUR UN COUP DE TÊTE...
ET QUI EFFACE DES CONTACTS SUR TON TÉLÉPHONE JUSTE PARCE QU'IL LES APPRÉCIE PAS. LE GENRE DE MEC QUI S'ÉNERVE FACILEMENT, EN GROS.
...C'EST VACHEMENT PRÉCIS QUAND MÊME.
Puisqu'il est tellement prude, je n'aurais jamais cru qu'il me draguerait à ce point. C'est pour ça que j'ai fait ce dépistage d'I.S.T. pour le rassurer.

Bordel, Yoichiro...!!!
Le nouvel opus de la saga du Roi Démon !
«Yoichiro Hasuda.»
«Fils de la superstar Hirohiko Hasuda, il fait partie de la seconde génération d'acteurs dans sa famille.»
«Depuis ses débuts à l'âge de 16 ans, sa carrière est en constante évolution...»
«et il y a quatre ans de cela, il a crevé l'écran avec la série du Roi Démon.»
«Il est devenu célèbre dans son rôle d'investisseur étrange mais attirant disposant d'une double personnalité.»
Le roi démon
BLA
«DEPUIS, IL A ÉTENDU SON ACTIVITÉ AU THÉATRE ET AU CINÉMA, OÙ IL A ÉTÉ ENCENSÉ PAR LES RÉALISATEURS COMME PAR CEUX QUI PARTAGEAIENT L'AFFICHE AVEC LUI...»
BLA
HÉ HÉ HÉ... HÉ BEN. C'EST QUELQUE CHOSE, CE YOICHIRO HASUDA... TOUT LE MONDE L'ADORE.
BLA
CES DERNIERS TEMPS, ON VOIT DE MOINS EN MOINS D'ARTICLES QUI PARLENT DE SON PÈRE...
BLA
TU ADORES VRAIMENT YOICHIRO HASUDA, HEIN, SHIN ?
ET BIEN, JE SUIS FAN...
Tsss.
IL EST ASSEZ BEAU GOSSE.
Vraiment ...
ET SON CUL ÉTAIT TELLEMENT MIGNON DANS LA SCÈNE DE SEXE DE SON DERNIER FILM. ❤
Ça me saoule.

ATTRAPE
JE NE FAIS PAS ÇA POUR QUE TU AIES DES PHOTOS SUR LESQUELLES TU POURRAS TE BRANLER, ESPÈCE DE PUCEAU !!!
CLIC
ALORS POURQUOI DONC ?
HIII !
DÉSOLÉ ! DÉSOLÉ !
Cependant, ça se déroule tellement mal que je pourrais en pleurer...
VRRRRRRR
VRRRRR
...LE BOULOT ?
POF
JE T'APPELLE PLUS TARD.
PLOF
CLAC
PAS BESOIN !

ÇA M'A ÉTONNÉ MOI AUSSI, MAIS JE SUIS TOTALEMENT CLEAN.
C'EST PAS GÉNIAL, ÇA, YOICHIRO ?
JE NE COUCHE PLUS À DROITE ET À GAUCHE, ET DU COUP JE SUIS CLEAN.
Cette fois, c'est sûr, je vais pouvoir le baiser...
...FUYUMI.
CONSTATE-LE PAR TOI-MÊME...
OK..?
juste pour pouvoir...
rompre avec lui.
Téléphone
CLIC
UNE DE PLUS DANS MA COLLECTION ...
QU'EST-CE QUE TU PRENDS EN PHOTO, LÀ !!?
Pas en contre-plongée !!
CLIC
Ok. POUR LA SUITE, ÉCARTE UN PEU PLUS TES JAMBES.
TOURNE-TOI ET REGARDE MOI.
HMM ?
COMME ÇA ?
TADAAA
Je devrais pas faire çaaaaaa !
CLIC
CLIC

Le séduire.

Je me suis retrouvé à sortir avec un tyran qui avait fait de moi son serviteur par le passé.

Ce fut la pire erreur de ma vie.

Pour être honnête, je me foutais de sa gueule. Ce n'est pas quelqu'un avec qui je pourrais sortir.

...Cela dit, il y a quelque chose que je dois faire, maintenant.

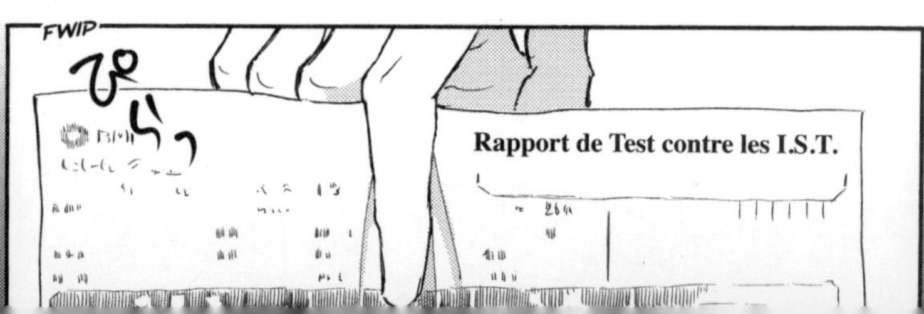

Shinkonsan!

Les photos «spéciales» de Yoichiro

...Hein !?
FLAP
TAP
TAP
TU...
TU T'EN VAS !?
Quoi ?
SÉRIEUSE-MENT !?
ET QUEL BÉNÉFICE TU EN TIRES, DU COUP ?
......
Ce jour-là, c'était la première fois...
LIBÈRE TA SOIRÉE, VENDREDI PROCHAIN, JE ME DÉBROUILLERAI POUR ÊTRE DISPONIBLE POUR TOI.
BONNE NUIT...
MON FUYUMI.
que Yoichiro m'a obéi.

À PARTIR D'AUJOURD'HUI, ON SORT ENSEMBLE.
À PARTIR DE CE SOIR, JE NE TE TOUCHERAI PLUS.
.....!?

Là, tout de suite, c'est moi qui mène la danse.
Bien fait pour lui.
HM...?
MAIS, À CE RYTHME...
EST-CE QUE... JE VAIS FAIRE L'AMOUR AVEC LUI ?
Hein ? Pas question.
Attends.
Ce serait pas...
un peu...
oh, non...
D'ACCORD.

JE VEUX BIEN TE BAISER, MAIS JE NE SORTIRAI PAS AVEC TOI. ON NE SERAIT QUE DES SEX FRIENDS.
OU ALORS, JE SORS AVEC TOI, MAIS ON NE FERA JAMAIS L'AMOUR.
Ce n'est plus mon roi.
C'est juste un puceau.
...ALORS, ON BAISE ?
TIRE
Pas étonnant pour un puceau !
TU BANDES DEPUIS TOUT À L'HEURE, APRÈS TOUT.
DONC, TU AS FAIT TON CHOIX ?
OH, LE PAUVRE.
ON DIRAIT QU'IL N'ARRIVE MÊME PLUS À RÉFLÉCHIR.

T'ES BIEN UN PUCEAU, TIENS.
TU NE TE SOUCIES QUE DE TES BESOINS À TOI.
DÉCIDÉMENT, JE DÉTESTE LES PUCEAUX.
TU ME DIS ÇA MAINTENANT, APRÈS TOUT CE QUE TU M'AS FAIT SUBIR QUAND ON ÉTAIT PETITS ?
ILS FONT VRAIMENT DES PARTENAIRES PATHÉTIQUES.
......
GLOU
コポポ
...TU VEUX SIMPLEMENT FAIRE L'AMOUR AVEC QUELQU'UN AVEC QUI TU SORS, N'EST-CE PAS ?
...C'est vrai.
DONC...
CHOISIS.

TU CROIS VRAIMENT...
QUE C'EST COMME ÇA QUE TU VAS M'AMADOUER ?
HAAA

...FUYUMI.
TOUT CE QUE TU DOIS FAIRE, À PARTIR DE MAINTENANT....
C'EST M'OBÉIR.
POUSSE

ARRÊTE DE ME FAIRE PERDRE MON TEMPS !!
TIRE
HIIII !
MERDE !
GRRR
...TU LAISSERAIS...
N'IMPORTE QUI TE BAISER, DE TOUTE FAÇON !!
ARRÊTE DE RÉSISTER, ESPÈCE DE PETITE PUTE !
...Non.
HIII !
GNAP
......!
AÏE !
BOBOM
TU...
ES MON SERVITEUR.
MURMURE
TREMBLE
TREMBLE
BOBOM
NGH...
......
BOBOM
...Je déteste ça.
SURSAUTE
AH...

HAA
...AAH.
HAA
HAA
FUYUMI, TU N'AS PAS L'HABITUDE D'EMBRASSER ?
はぁ HAA
......
ALORS QUE TU N'ES QU'UNE PETITE PUTE ?
Ouais, c'est ça... C'est juste...
ma façon de montrer mon refus de lui rendre la pareille...!
ドクン BOBOM
J'AI LA TÊTE QUI TOURNE...
はぁ HAA
はぁ HAA
ドクン BOBOM
ドクン BOBOM
じた REMUE
ばた REMUE
HÉ !
ARRÊTE DE RÉSISTER.
PAS...
PAS QUESTION !
ドクン BOBOM
À CE RYTHME...
JE VAIS Y RESTER !
OOH !
ドクン BOBOM
ABANDONNE...
ドクン BOBOM
はぁ HAA
はぁ HAA

MNN !
MN ...!
SHLK
......!
FRISSON
MN !
HÉ !
YOI-...
...CHI-...
RO !
SHLK
SMACK
HAA
...MN !

.....
TU L'ES !
C'EST FOU ! TU ES UN PUCEAU DE 26 ANS AVEC LE VISAGE QUE T'AS !
compliment
C'EST MIRACULEUX ...!
TU ES UNE VRAIE SAINTE VIERGE !!
compliment
SI TU LAISSAIS TOMBER TA FIERTÉ ET TON ARROGANCE, TU POURRAIS TROUVER FACILEMENT QUELQU'UN À QUI ÇA PLAÎT...
TIRE

YOICHIRO... EST-CE QUE TU ES PUCEAU ?

CE SONT DES MÉDAILLES, POUR UN HOMME !
PAF
FERME-LÀ, PETITE PUTE !
AÏE
AÏE
TU N'ES QU'UN DÉCHET CAR TU COUCHES AVEC DES GENS AVEC QUI TU NE SORS MÊME PAS.
Je vaux mieux que lui, en tout cas !!
TOISE
HÉ...
AVEC COMBIEN D'HOMMES TU AS COUCHÉ ?
Je saurais pas dire... Le nombre de mecs à la fête d'aujourd'hui se comptait en dizaines...
TU AS VRAIMENT DÉPASSÉ LES BORNES !
C'EST PAS TOI QUI EST UN PEU TROP CONSERVATEUR ?
DE NOS JOURS, MÊME LES FILLES RICHES SURPROTÉGÉES FONT DES ORGIES.
Pour un type avec un tel visage de tombeur ...
Il est étonnamment innocent.
Attends ...

...JE PEUX TE PRÉSENTER À UN DE MES...
TU CROIS VRAIMENT QUE J'AI ENVIE DE SORTIR AVEC UN INCONNU ET LANCER DES RUMEURS SUR MA SEXUALITÉ ?
BONK
!!
ET POURQUOI PAS UNE ORGIE !!?
TIRE
QU'EST-CE QUE TU EN DIS !? C'EST MARRANT, ET CES MECS SONT CHAUDS !
Aaaaah !!
ÇA POURRAIT T'OUVRIR À DE NOUVELLES PERSPECTIVES !!
Je vais me faire violer !!
TON CORPS...
EST TELLEMENT SALE.
On dirait un soldat après une bataille.
De retour d'une orgie.

«DÉGOÛTANT.»
...AT-TENDS.
C'EST QUOI CE BOR-DEL !!!?
STOP !!!
SE DÉSHABILLE
N'ABAN-DONNE PAS ! ESSAIE ENCORE ! OK !?
Oh, merde...
OH ! EST-CE QUE TES ÉCHECS AVEC LES FEMMES T'ONT FAIT PERDRE CONFIANCE EN TOI !?
Sérieux, qu'est-ce qui se passe !!?
ATTRAPE
FIXE
TU PEUX CLAIREMENT TROUVER QUELQU'UN DE MIEUX QUE MOI !
Je t'envie pour ça !
NE T'IN-QUIÈTE PAS !! LES HOMMES SONT MOINS COM-PLEXES QUE LES FEMMES !
Y-YOICHIRO, TU ES BEAU, TU AS ATTEINT UN TEL NIVEAU DE PERFECTION EN QUELQUES ANNÉES, AU POINT QUE TU ES INDÉNIABLEMENT UN DES MEILLEURS DE TOUT LE PAYS. MAIS TU N'ES PAS MON GENRE, MÊME SI TU AS UN PHYSIQUE DE RÊVE...!
EN FAIT, IL EST FANTAS-TIQUE...
On dirait un Dieu grec !
TA PERSONNALITÉ, C'EST UNE AUTRE HISTOIRE, MAIS TU ES UN ACTEUR POPULAIRE À L'AURA INDÉNIABLE, DONC TU PEUX FACILEMENT CACHER ÇA !! MÊME MES AMIS DISENT QU'IL SONT FANS ! TU MÉRITES LE MEILLEUR ! MAIS, COMME JE L'AI DÉJÀ DIT, TU N'ES PAS MON GENRE !

Quoi ?
Il a fait ça...
En regar-dant des photos de moi ?
Sérieuse-ment ?
C'est inattendu.
Je croyais qu'il détestait les gays.
Après tout...
Il a vu ce qu'on fai-sait...
et sa réaction, ça a été...

J'EN AI MARRE DE STRESSER À PROPOS DE ÇA, DONC JE VAIS ME CONTENTER DE TOI.
SORS AVEC MOI.
TOUTES FROISSÉES
Froissées.
C'EST POUR ÇA QUE JE SUIS LÀ.
Une substance séchée collée dessus.
Fuyumi.

JE SUIS SORTI AVEC PRÈS DE 40 FEMMES.
ET JE NE SUIS ARRIVÉ À RIEN.
Yoichiro serait... impuissant...?
«40 femmes»...
Je le savais.
Wow...
Il est vraiment...?
...PFFF.
QUEL DOMMAGE.
TREMBLE
AÏE !
BLAM
ENFIN, J'AI FINI PAR RÉUSSIR À BANDER QUAND J'AI VU UNE PHOTO DE TOI.
!!!
...Quoi ?
VLAN
OUAH !

J'AI DEMANDÉ À AKEMI.
Maman...!
Je lui avais pourtant demandé de ne rien dire...!
SOUPIRE
ET DONC ?
VOUS ÊTES ALLÉ JUSQU'À INTERROGER MA MÈRE...
JUSTE POUR POUVOIR VOUS MOQUER DE MOI ? EST-CE COMME ÇA QUE VOUS VOUS DÉTENDEZ ? COMME QUAND ON S'ACHARNE SUR UN DE CES JOUETS ANTI-STRESS ?
...RÉCEMMENT...
J'AI ROMPU AVEC LA FEMME QUE JE FRÉQUENTAIS.
...Euh, ok ? Des problèmes d'amour ?
ON EST SORTIS ENSEMBLE PENDANT UN MOIS.
ENFIN, C'EST PAS COMME SI JE L'APPRÉCIAIS TANT QUE ÇA NON PLUS.
JE N'ARRIVAIS PAS À AVOIR D'ÉRECTION AVEC ELLE.
......
JE NE SUIS PAS ARRIVÉ À AVOIR UNE ÉRECTION AVEC LA SUPERBE JOURNALISTE TV, LA MANNEQUIN POUR BIKINIS, OU MÊME LA DENTISTE AU VISAGE SI DOUX.
C'EST DIFFICILE DE TROUVER UNE FEMME ADÉQUATE POUR UN HOMME COMME MOI.
...Est-ce que ça veut dire que...

Je suppose que je n'arriverai pas à me libérer si facilement...
VOUS VENEZ SOUVENT EN CE MOMENT, MESSIRE.
VOUS ÊTES SI POPULAIRE, JE SUIS SURPRIS QUE VOUS NE SOYEZ PAS TROP OCCUPÉ.
MASSE
VOUS NE DEVRIEZ PAS TRAÎNER AVEC UN HOMME GAY DANS UN ENDROIT INDIGNE DE VOUS COMME CELUI-CI, MAIS PLUTÔT RENTRER CHEZ VOUS ET VOUS RELAXER !
ET PUIS, COMMENT AVEZ-VOUS SU OÙ J'HABITAIS ?
J'ai gardé secret mon déménagement.

TON ATTITUDE LAISSE TOUJOURS À DÉSIRER.
GLISSE
JE T'ÉCOUTE ! JE T'ÉCOUTE, OUI !
RÉPONDS-MOI EN MOINS DE 0,3 SECONDES.
OUI, MESSIRE ♥
VRRR
VRRR
VRRR
.....?
SOUPIRE
Ouah, il est luxueux, ce manteau.
!
JE SUIS TROP IMPLIQUÉ...
OUI.
MOI AUSSI JE SUIS HONORÉ DE TRAVAILLER AVEC VOUS, LE CÉLÈBRE RÉALISATEUR FUKAMI.
...Huit ans.
Quand le tournage va commencer, je jouerai avec...
Haha !
HEIN ?
YOICHIRO VA JOUER DANS UN FILM DE FUKAMI ? OUAH.
IL NE PREND QUE DES BEAUX MECS DANS SES FILMS.
Genre, pour tout le casting.

SORS AVEC MOI...
FUYUMI.
...Hein ?
Pourquoi je l'ai laissé venir chez moi !?
Ozu
Axolotl domestiques
Kuroyawa
Qu'est-ce qui est arrivé à ma détermination de la page précédente !?
Tout ça, c'est à cause de l'habitude de Fuyumi à trop s'impliquer.
Il a été conditionné à obéir quand on lui donne des ordres avec autorité.
ALLEZ, OUVRE-MOI, FUYUMI !!
JE TE DONNE TROIS SECONDES !
CLAC
OUI, MESSIRE ♥
0,5 secondes
Bordel... Je suis vraiment qu'un idiot...
TU M'ÉCOUTES, FUYUMI ?

Et puis, c'était quoi tout ça ? Qu'est-ce qu'il fout, à aller aussi loin juste pour se moquer de moi !!?
«Épouse moi» !? Il est sérieux, lui ?
NON MERCI !
MURMURE
Pfff, quelle perte de temps...
Hé, votre majes-té...
Je ne suis plus le petit garçon que j'étais. J'aime ma liberté.
Tu vois, je suis sans-cœur.
Je me fous des dettes que j'ai envers cette maison...
ou de ma mère que j'ai abandonnée là-bas !
Rhaaaa ! Et même si ça recommence...
Je ne lui accorderai pas la moindre seconde de mon temps !
QUEL IMMENSE LOSER !!!
TRÈS BIEN...
SI CE N'EST PAS POSSIBLE...
JE METS LE MARIAGE DE CÔTÉ POUR L'INSTANT.

Je n'avais pas le choix !
«Fuyumi, voici la maison de ton nouveau papa...»
«Je plaisante, c'est ici que Maman va travailler en tant que gouvernante !»
Quand j'étais petit, ma mère a déménagé dans le manoir d'un acteur célèbre qui était son amant.
Yoichiro était son fils.
OOH, QUEL DOMMAGE.
Je ne peux pas le tuer !!!
TAC
FUYUMI, QU'EST-CE QUI NE VA PAS ?
IL S'EST PASSÉ QUELQUE CHOSE ?
ON N'A PAS BEAUCOUP DE CLIENTS, AUJOURD'HUI, DONC TU PEUX RENTRER SI TU VEUX.
.....
TAC
TAC
TAC
SE RETOURNE
MERCI, MONSIEUR,
MAIS ÇA IRA.
Huit ans se sont écoulés depuis que j'ai quitté cette maison.
Maintenant, Yoichiro est une célébrité, et moi je suis un simple barman dans un bar gay.
On fait partie de deux mondes différents...
VRAIMENT ?

...Quoi ?
Auparavant...
Un roi appelé Yoichiro Hasuda régnait sur moi.
Réponds à tout ce que je dis par «Oui, messire ♥»
JOUE AU FOOT AVEC MOI.
C'EST TOI LA BALLE.
OUI, MESSIRE ♥
PAF
JOUE À FAIRE DU CHEVAL AVEC MOI.
C'EST TOI LE CHEVAL.
Allez, attrape la carotte !
Hiiiiii
OUI, MESSIRE ♥
BOUGE PAS TANT QUE JE TE LE DIS PAS.
Pas le droit d'aller aux toilettes non plus.
OUI, MESSIRE ♥
CLIC
CLIC
C'était...
comme ce tyran, Néron, qu'on voyait dans les films.
Oui, monsieur ♥
Et je jouais le rôle d'un chrétien persécuté qui n'a pas pu partir de chez lui avant d'avoir 18 ans.

ÉPOUSE-MOI.
......

FRISSON
TREMBLE
T'AS DU COURAGE DE TE REPOINTER DEVANT MOI APRÈS HUIT ANS.
Je ne suis...
plus son larbin...
FCHHHHH
Stop.
MAIS CES YEUX... ILS NE M'ONT PAS OUBLIÉ, EUX.
MON FUYUMI À MOI.

REGARDE
CLIC
OUAH ! IL EST SI GRAND !
REGARDE, SUR L'AFFICHE !
C'EST L'ACTEUR DU «ROI DÉMON»...
C'EST YOICHIRO HASUDA
C'EST PAS VRAI ?!
Merde, elles l'ont reconnu.
CLIC
HIIIII !
FFFF
OUI. GRÂCE À MON PÈRE.
HÉ, L-... LÂCHE-MOI.
J'AI PAS ENVIE DE FINIR SUR LE NET SUR UNE PHOTO AVEC UNE CÉLÉBRITÉ.
ET PUIS, QU'EST-CE QUE TU FOUS ICI ?
J'AI RIEN À TE DIRE !
ATTRAPE
HÉ, FUYUMI.
OUI...?

...Yoichi-... ro...?
TU POURRAIS VRAIMENT SORTIR AVEC N'IMPORTE QUI.
TU N'AS VRAIMENT PAS CHANGÉ DEPUIS QU'ON A VÉCU ENSEMBLE.
Yoichiro Hasuda (26 ans)
...C'est pas vrai. Comment ?
RAIDE
......
À L'ÉPOQUE AUSSI TU AVAIS RAMENÉ UN MEC À LA MAISON, HEIN ?
C'EST PAS ÉTONNANT, VENANT D'UN ENFANT DE L'ADULTÈRE.
JE SUPPOSE QUE C'EST HÉRÉDITAIRE, COMME COMPORTEMENT.
Que fait Yoichiro ici...?
Est-ce qu'il a... un tournage...?
HÉ ! TU PEUX DIRE CE QUE TU VEUX DE MOI...
MAIS MA MÈRE EST DE RETOUR DANS LE DROIT CHEMIN, MAINTENANT.
Des fleurs ?

出演: 蓮田洋一郎
Le Roi-Démon
Avec : Yoichiro Hasuda
Toma Watanabe / Aro Yamada / Kosasa
ÇA NE ME...
DÉRANGE PAS...

……
Hééé ben…
Ils ne se cachent pas vu qu'ils sont du côté du quartier gay.
SOUPIR
TITUBE
On dirait bien que je suis lééééégèrement bourré…
ÇA VA ?
ATTRAPE
Et ses mains…
sont si chaudes.
TU VEUX QU'ON AILLE QUELQUE PART POUR QUE TU TE REPOSES ?
Oh ? Quelle belle voix.
TU TE SENS MAL ?
Grave…
OUAIS… UN PEU.
douce et gentille.
À MOINS QUE TU PRÉFÈRES QUE JE TE LAISSE TRANQUILLE ?
SNIFF
N-… NON…

HÉ BEN...
VOUS DEVEZ VRAIMENT TENIR À MOI, TOUS LES DEUX.
VOUS VOULEZ QU'ON BAISE ? MOI ÇA ME DIRAIT BIEN.
PAS DE PROBLÈME. FAUT JUSTE QUE KYOSUKE SOIT PAS LÀ.
Ha ha ha !
J'ai des amis un peu relou...
des mecs avec qui batifoler...
et de la bonne picole.
Je ne suis pas à plaindre.
T'ARRIVE MÊME PLUS À MARCHER DROIT.
RENTRE CHEZ TOI, PAS DE DÉTOUR.
BONNE NUIT ! ♥
......
Peut-être que je devrais... me respecter un peu plus.
EN PASSANT MES JOURS DE CONGÉS AVEC EUX PLUTÔT.

FSHH
シュボッ
Après, faut-dire que Kyosuke a pour habitude de dépasser les limites.
Mais je sais bien qu'il s'inquiète juste pour moi.
TOUT ÇA, C'EST PARCE QUE TU SORS AVEC DES BOULETS.
TU PRENDS PAS LE TEMPS DE TROUVER UN MEC BIEN.
Kyosuke, ça ira, là, non ?
ENFIN...
JE SAIS CE QUE C'EST QUE DE SORTIR AVEC UN LOSER.
FROTTE
くしゃくしゃ
FROTTE
HEIN ?
MAIS BON, ON N'AIME PAS VOIR NOS AMIS SE FAIRE MENER EN BÂTEAU.
SI JAMAIS ON REVOIT CE MEC...
ON LUI DÉFONCE LA GUEULE.

NON MAIS T'ES PAS SÉRIEUX ?!
BLAM
BEN QUOI ?
T'AIMES PAS MA COUPE ?
Pfiou...
JE PARLE DE CELUI QUI TE L'A FAITE !!
Sinon, oui, j'aime bien.
QUEL GENRE DE SALAUD FAIT ÇA À TES CHEVEUX ? TU SORTAIS AVEC QUI ?
IL ÉTAIT DÉJÀ MARIÉ, ALORS POURQUOI IL A PRIS LA CONFIANCE DE MAL PRENDRE LE FAIT QUE TU SOIS ALLÉ VOIR AILLEURS ?
Kyosuki Saionji (26 ans) mariés Takara Saionji (26 ans)
GRMBL
GRMBL
GRMBL
Et puis l'autre type aussi ! Il t'a clairement menti à propos du fait que sa mère serait soi-disant à l'hôpital, et en plus il t'a plumé pour satisfaire son addiction aux jeux d'argent et pour se défoncer la gueule !! Quel gros junkie !! Où tu les trouves, ces mecs-là !!!?
NON MAIS T'ES SI DÉSESPÉRÉ QUE ÇA !??
...
BEN, ILS SONT PAS TOUS SI MAUVAIS !
Hé ben, ils ne retiennent clairement pas leurs mots.
C'est un beau petit couple bien accordé.

QUEL CON-NARD...
COUPE
J'aime les hommes.
COUPE
GRMBL
GRMBL
ME DONNER UN COUP DE POING ET ME BRÛLER LES CHEVEUX...
JUSTE PARCE QUE JE ME SUIS UN PEU AMUSÉ...
J'aime aussi le sexe.
ZIP
HM ?
CLANG
REGARDE
Je n'ai pas honte de ces particularités.
C'EST PAS MAL...
JE SUIS SACRÉMENT MIGNON...
JE DEVRAIS PRENDRE RENDEZ-VOUS POUR ME FAIRE UN NOUVEAU PIERCING...!
FUYUMI NARUSE
(26 ans)
Barman dans un bar gay.

Une romance
de loser

Shinkonsan!

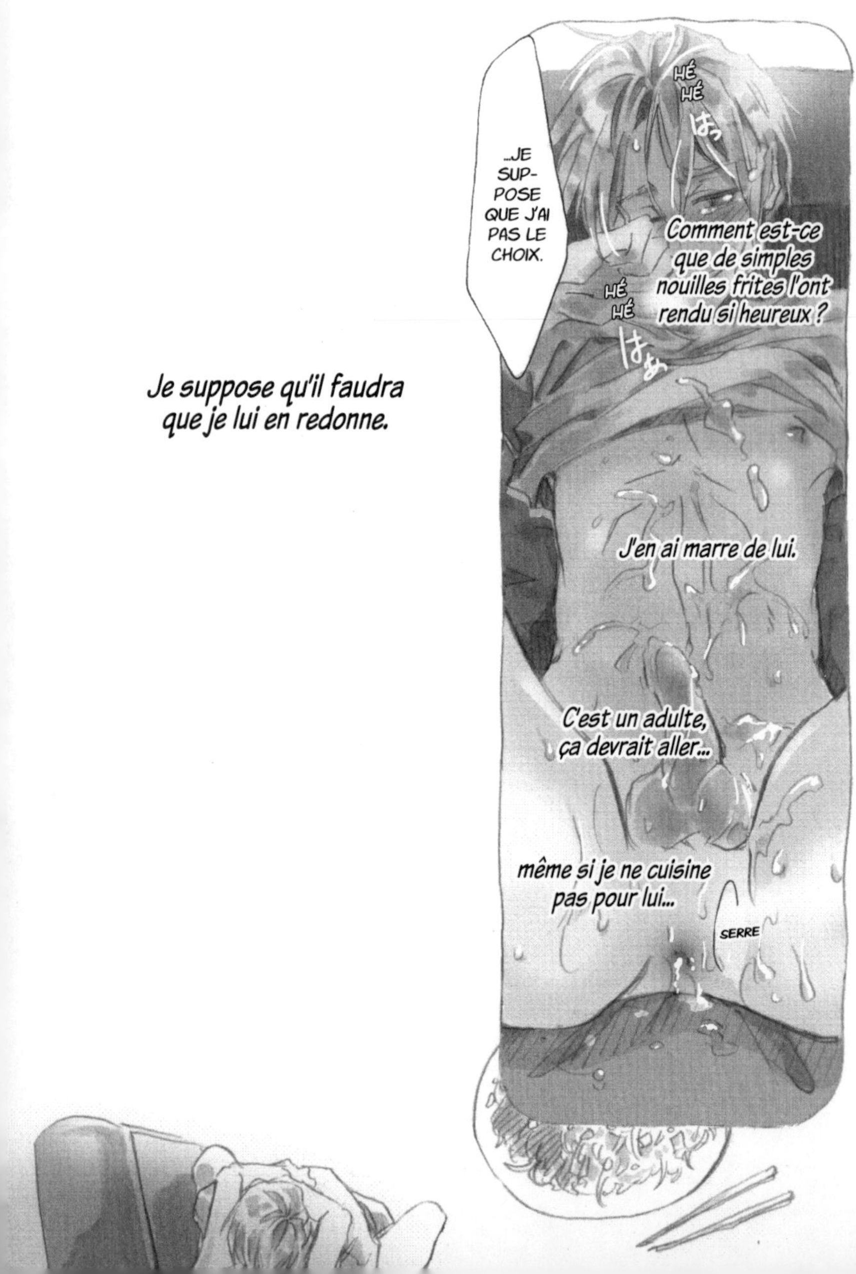

HÉ HÉ
はっ
...JE SUPPOSE QUE J'AI PAS LE CHOIX.
Comment est-ce que de simples nouilles frites l'ont rendu si heureux ?
HÉ HÉ
はぁ
J'en ai marre de lui.
C'est un adulte, ça devrait aller...
même si je ne cuisine pas pour lui...
SERRE
Je suppose qu'il faudra que je lui en redonne.

MN.
HAA
HAA
...TU AURAIS PU...
JOUIR... À L'INTÉRIEUR.
Ah !
SHLUP
GLISSE
TREMBLE
AAH
...NE ME CHERCHE PAS.
On doit aller au travail, demain.
......
C'est pas moi le sujet, c'est à quel point cette glace lui a fait plaisir.
HAA
Putain, qu'il est chiant.
...LAISSE-SE...
LAISSE MOI JUSTE LE REFAIRE ENCORE UNE FOIS...
Il n'y a que pour lui que je pourrais avoir ce genre d'attentions.
Et il ne s'en rend même pas compte.

CRIII
KYO...
JE T'AI-ME...
SHLAP
HAA
HAA
AAAHH !!
HAA
HAA
AH !
POUSSE
AHN !
CRIII
CRIII
TREMBLE
NNN...!
AH...
TAP
TAP
TAP
TAP
TAP
like 10k
POUSSE
PAF
HIII !
Kyo...!
HAA
POUSSE
DÉSOLÉ !
CRIII
AH ! AH ! AH !
J'PEUX PAS M'ARRÊTER...!
.....!
SPLUUUURT
SPLURT
AAH ...! AH ...! AH !
HAA
HAA
HAA
HAA
HAA
Merde... J'arrive pas à me calmer...!!!

SHLIK
ちゅくっ
SMACK
ちゅ
MNN ! MN !
Je pense que c'est pour ça qu'il est gêné quand il a quelque chose rien qu'à lui.
Des fois, c'est ça qu'il veut.
TREMBLE
びくん
FROTTE
ごりゅっ
AH !
TREMBLE
びくっ
FROTTE
FRISSON
TAKA, TU AIMES ÇA, PAS VRAI ?
CRIII
MN !
AH !
CRIII
SQUICH
ずちゅ
AAH !
AH ! OUI... LÀ...
SERRE
きゅっ
SQUICH
ずちゅ
ICI AUSSI...
SLURP
TREMBLE
ビクビク
ET LÀ.
AAH ! AH !
TREMBLE
HAA
はっ
J'ADORE ÇA.
Ah !
HAA
はぁ
IL EST TROP MIGNON, BORDEL.
HAA
はっ
AH !
HAA
はっ
CRIII
AH...! MN !
POUSSE
ずっ
HAA
はっ
Ooh !
C'EST -
SI PRO-FOND
Mn !
CRIII
AH ! AH !
ON DI-RAIT...
QUE TA BITE EST PLUS GROSSE QUE D'HABITU-DE...
Ah !
CRIII
SHLAP
ぱちゅ
MN. AH !
HÉ...
QU'EST-CE QUE TU PRÉFÈRES ?
CRIII
CRIII
ずっ
POUSSE
SHLAP
ぱちゅ
SHLAP
ぱちゅ
AH !
Ah !
KYO...!
CRIII

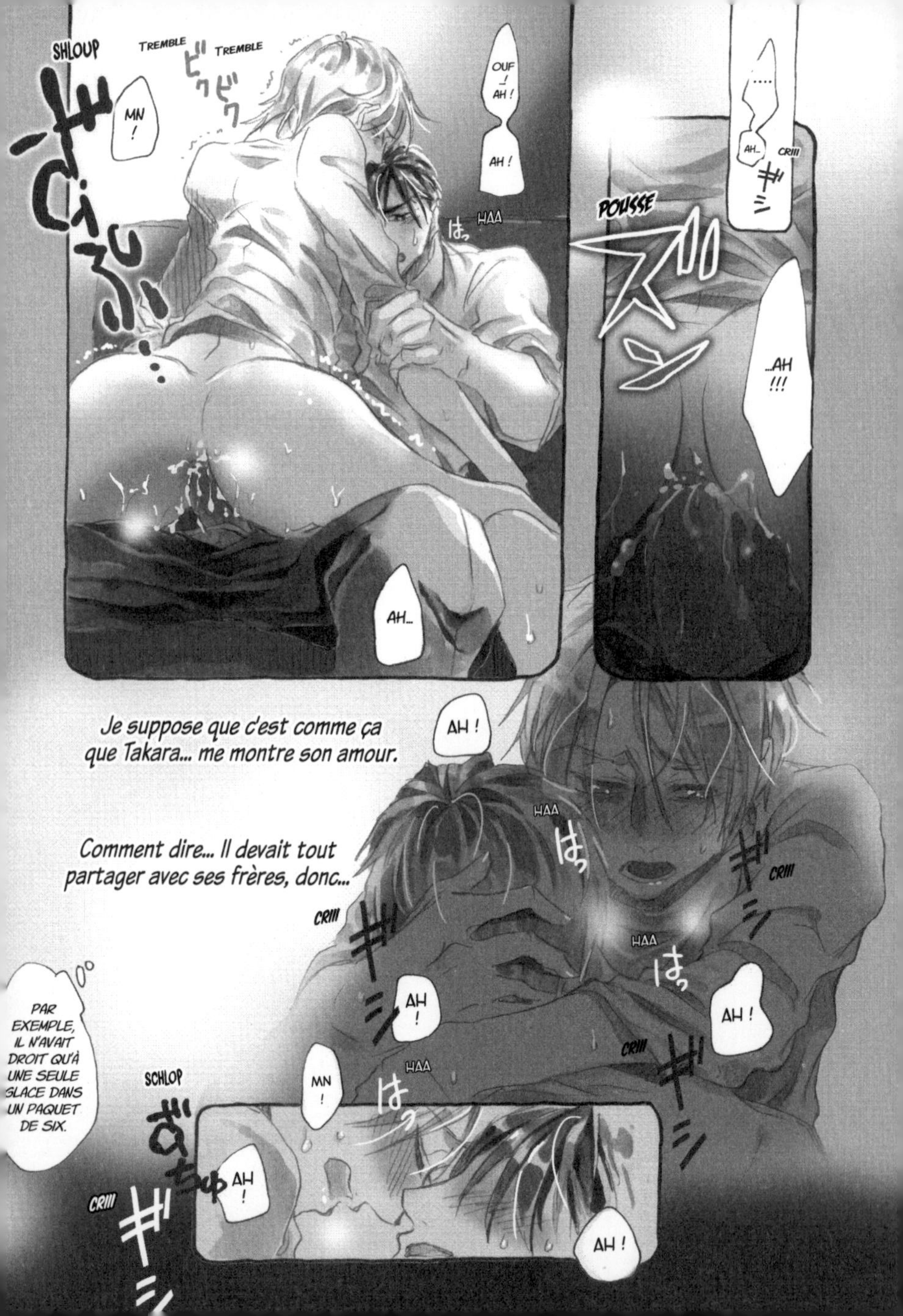

....
AH...
CRIII
POUSSE
...AH !!!
OUF ! AH !
AH !
TREMBLE TREMBLE
MN !
SHLOUP
HAA
AH...
AH !
Je suppose que c'est comme ça que Takara... me montre son amour.
HAA
CRIII
Comment dire... Il devait tout partager avec ses frères, donc...
CRIII
HAA
AH !
AH !
CRIII
HAA
MN !
PAR EXEMPLE, IL N'AVAIT DROIT QU'À UNE SEULE GLACE DANS UN PAQUET DE SIX.
SCHLOP
AH !
CRIII
AH !

ROUGIIIIIIIT
かぁぁ…
Mon cœur et mon entrejambe...
...se sont réveillés en unisson.
.....
...MERCI.
カチャ
TCHAC
...JE LE DÉTESTE.
BOING
ズクン
...Oh ?
Est-ce qu'on va baiser aujourd'hui ?

Il fait de bons repas...
MN.
HÉ, KYOSUKE.
TAKARA, JE SUIS RENTRÉ.
Et il attend bien sagement que je rentre à la maison.
CÂLIN
FRR
OH. C'EST QUOI, ÇA ?
HMM !?
Mais combien de pots de glace t'as acheté !?
JE LES AI ACHETÉS AU COMBINI D'EN BAS.
C'est tes préférés.
TROP BIEN. JE PEUX EN MANGER LA MOITIÉ ?
DIS PAS DE BÊTISES.
ILS SONT TOUS POUR TOI.
Et parfois...

CLAC
ガチャッ
SALUT, JE SUIS RENTRÉ.
Takara est assez chiant, quand même.
......
Des nouilles frites, toutes prêtes !
...APRÈS QUE JE ME SOIS AUTANT PLAINT.
HÉ, TAKARA.
TAKARA.
BISOU
ちゅ
MM...
...DÉSOLÉ DE NE PAS T'AVOIR PRÉVENU DE MON RETARD.
BISOU
ちゅ
Il paraît froid dans ses mots, et pourtant...
PAS GRAVE...
JE ME SUIS JUSTE ENNUYÉ PENDANT MON JOUR DE CONGÉ.

Finalement, des années plus tard, il a bel et bien fait ça.
PFFF ...
DIRE QUE C'EST LUI QUI A FINI PAR DÉPRIMER APRÈS ÇA...
MOI, JE ME SUIS CONTENTÉ DE SUIVRE LE MOUVEMENT, MÊME SI C'EST MON CUL À MOI QUI A FINI DANS UN SALE ÉTAT.
Sérieux, pourquoi ...
«Je veux des nouilles frites...»
AÏE ズキ
«Ouais. Mange.»
AÏE ズキ
«Et voilà.»
«Sans tes nouilles frites, je...»
«J'en veux... pour toujours.»
est-ce que je fais des nouilles frites pour ce connard ?

Apparemment, c'est à cette période que Kyosuke a réalisé ses sentiments envers moi (ou du moins, c'est ce qu'il m'a dit plus tard).
Il m'a dit : «Je me disais que si je te prenais à la gorge et que je t'empêchais de respirer tout en te violant par derrière, tu serais à moi.»
...Malgré l'aspect horrible de ces mots, il les a dits avec une expression coupable sur le visage.
Il est incroyable, quand même. Ha ha.

«...C'est bon.»
Ouah.
JE M'Y ATTENDAIS PAS.
Grand frère
C'est pas trop salé ?
Petit frère
Gin
Après ça, Kyosuke a toujours mangé mes nouilles frites salées...
Et quand il avait fini, on allait traîner ensemble.
Les parents de Kyosuke étaient toujours avec leurs amants respectifs.
J'avais six frères et sœurs.
Il n'avait personne pour l'ennuyer.
«Kyosuke, allons au port.»

C'était à l'époque... du collège je crois ?
Kyosuke avait beaucoup besoin d'être bichonné à cette époque.
GRRRR
Héhé...!
«Qu'est-ce que tu fais, Kyosuke ?»
«Tu es rentré pour nourrir la tortue, mais tu as oublié de manger, c'est ça ?»
Il était comme ça, malgré le fait qu'il avait une gouvernante qui lui préparait de somptueux repas.

Bonus 1
Kyosuke peut être chiant parfois.
HÉ, TAKARA.
HMM ?
J'AI ENVIE DE MANGER DES NOUILLES FRITES CE SOIR. TU SAIS, CELLES QUE TU FAIS ET QUI SONT SALÉES.
RON
RON
BROSSE
BROSSE
BROSSE
BROSSE
PAS ENVIE.
On vient à peine de prendre le petit-déjeuner.
TSS
T'es si froid avec moi !!
Bye.
CLAC
Il les adore.
Sérieusement, pourquoi est-ce que je lui ai cuisiné ça ?
...Ah oui.
BLAM
...IL EST PEUT-ÊTRE ARRIVÉ QUELQUE CHOSE À SON TRAVAIL.
Est-ce qu'un homme tel que lui devrait se contenter de nouilles frites au rabais ?
SA PLACE EST DANS LE BAR DE LA TERRASSE D'UN HÔTEL, À DÉGUSTER UN BON VERRE DE BRANDY.
Mes fameuses nouilles frites pas chères (que j'arrive toujours à rater)

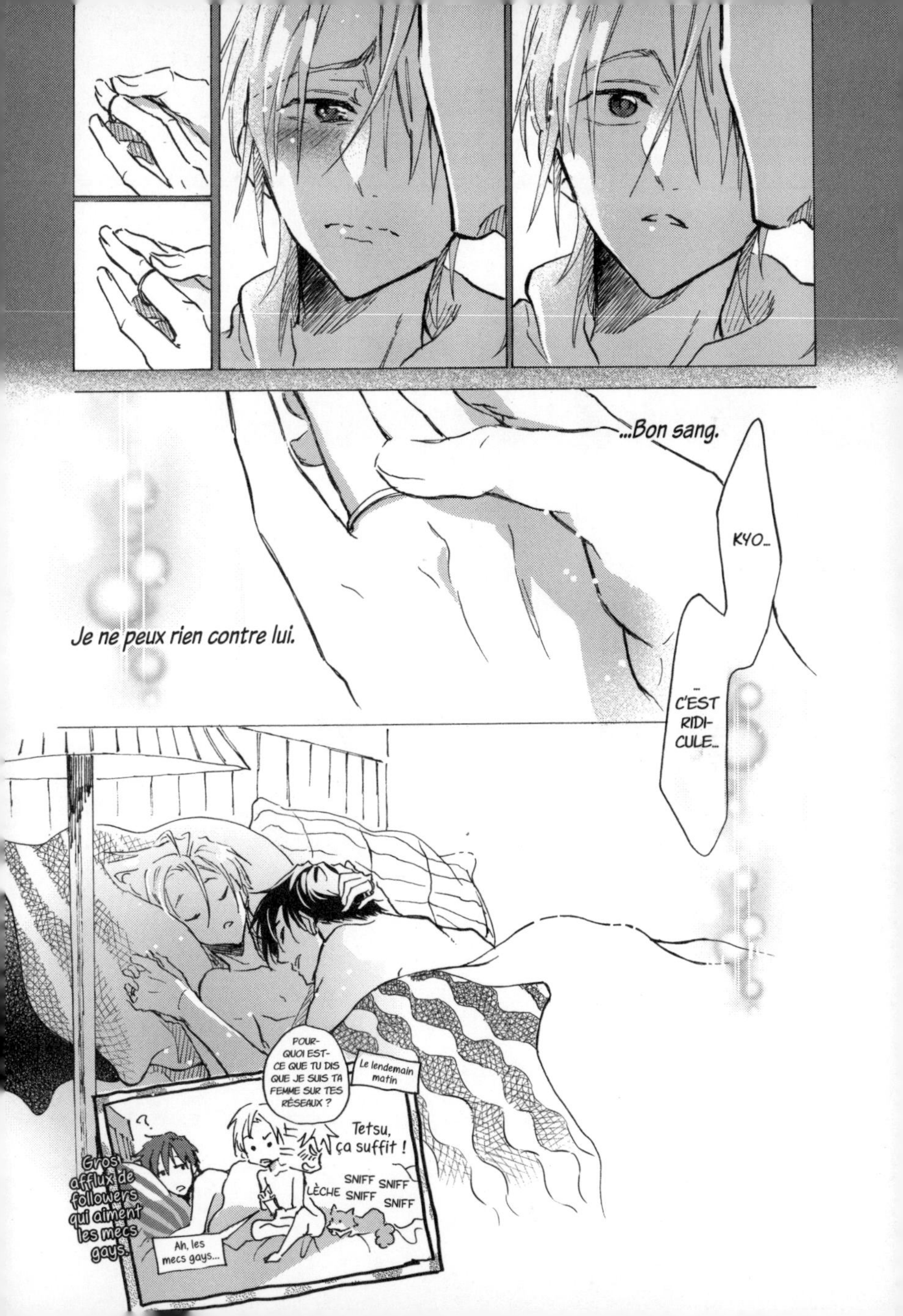
...Bon sang.
KYO...
... C'EST RIDI-CULE...
Je ne peux rien contre lui.
Le lendemain matin
POURQUOI EST-CE QUE TU DIS QUE JE SUIS TA FEMME SUR TES RÉSEAUX ?
Tetsu, ça suffit !
SNIFF SNIFF
LÈCHE
SNIFF SNIFF
Ah, les mecs gays...
Gros afflux de followers qui aiment les mecs gays.

...TU VEUX QU'ON SE MARIE ?
FORCE
ESPÈCE DE...!
OÙ TU AS EU ÇA ?
GNN !
POUSSE
TIRE
TIRE
JE T'AIME...
TAKA.
JE T'AIME.
KYO-SUKE !
ÉCOUTE MOI !
TU SERAIS MIEUX AVEC QUELQU'UN D'AUTRE...!
.....
.....

J'ai empêché que ça n'arrive...
TU PENSES QU'ON DEVRAIT TOUT ARRÊTER ...
KYO-SUKE ?
...ON SE CONNAÎT DEPUIS 19 ANS.
ON A ASSEZ DÉCONNÉ COMME ÇA.
LES FEMMES N'ARRÊTENT PAS DE ME FAIRE DES AVANCES...
ET TOI, T'ES TROP SÉRIEUX POUR TON PROPRE BIEN.
JE NE PEUX PAS TE DONNER CE QUE TU RÉCLAMES DE MOI.
...JE...
J'EN PEUX PLUS.
ATTRAPE
TIRE
HÉ !
!!

ON DIRAIT QUE TU SOUFFRES ?
ÉNERVÉ
...VRAIMENT, JE TE DÉTESTE.
AH !
HÉ !
Hahaha
GUILI
GUILI
HÉÉ ! KYO-SUKE !
Hahaha
AH !
GUILI
Si je ne l'avais pas pris par la main quand on avait 6 ans...
Kyosuke aurait probablement épousé quelqu'un d'autre.
PEUT-ÊTRE QU'IL AURAIT ÉTÉ PLUS HEUREUX...
Bah tant pis, c'est moi qui l'ai rencontré en premier.

SPLURT
MN !
MNN !
TREMBLE
TREMBLE
......!
HAA
HAA
HÉ... KYO-SUKE.
HM ?
HAA
JE DÉTESTE PAS L'EXPRESSION QUE TU AS SUR LE VISAGE EN CE MOMENT.
......
...ET ELLE RES-SEMBLE À QUOI ?
HM ...

À cause de moi...
TREMBLE
...TAKA.
TREMBLE
Kyosuke déprime beaucoup.
TAKA !
HMM...?
.....!
HAA
...Mais...
Ça me donne envie d'être gentil avec lui.

ROUGIIIIIT
J'ENFONCE MA BITE DANS TON CUL DE SALOPE !!
ÇA TE VA COMME ÇA ?
HA HA HA HA !
ATTRAPE
VAS Y !
CONCENTRE-TOI LÀ DESSUS !
TREMBLE
AH !
AH !
HAA
SHLK
SHLK
SHLK
AAH !
FLOP
FLOP
SHLP
AH !
TREMBLE
TREMBLE
......!
SECOUE
CE SOIR... JE VAIS TE PUNIR !!
SECOUE
AAH !
COMMENT ÇA ?
ABRUTI !
T'ES QU'UN ABRUTI, TAKARA !
Mais j'aimerais ...
que ça ne se limite qu'à ça.

HAA はぁ
passe son temps...
HAA はぁ
à me chercher...
TREMBLE
et les 3/4 du temps, j'ai envie de le buter pour ça.
...HEY.
KYO.
HAA はぁ
QU'EST-CE QUE TU VOULAIS DIRE PAR «ME BAISER» ?
HEIN ?
BEN, JE SUIS QU'UN IDIOT DE VOYOU, TU SAIS...
Montre-moi ce que tu voulais dire par là.
......!
C'EST CE QUE JE SUIS EN TRAIN DE FAIRE !
EXPLIQUE MOI, ALORS !
C'EST QUOI, PRÉCISÉMENT ?
QU'EST-CE QUE TU ME FAIS !?
.....

MN...!
FRISSON
FROTTE
HMM !
SHLK
MN...!
SMACK
FROTTE
FROTTE
MN.
AAH !
AH...!
J'ARRIVE... À PEINE... À RESPIRER...!
GNAP
JE TE FAIS JUSTE SAVOIR QUE TU M'APPARTIENS...
QUOI...?
FRISSON
SLK
AH...!!
SLK
SMACK
SHLIP
MN !
SHLIP
AHH !
FROTTE
FRISSON
SOULÈVE
HAA
HAA
Kyosuke...

....!
MN ...!
SHLK
HMM.
HAA
SHLK
AH...
HAA
MN...!
MN !
MNN.
FRISSON
MMF ...
FROTTE
MN ...!

«Ouah ! Il est beau. Enchanté.»
«Oh, te laisse pas avoir par sa belle gueule. Il est tellement farfelu qu'il te repousserait.»
BONK
«Avant, il maltraîtait les tortues. On disait que c'était un démon.»
«C'est qui qui est repoussant, là !?
C'est comme ça que tu fais les présentations !? Recommence !»
«Dis pas ça !»
J'ai vu que Takara était capable de montrer son côté plus humain, plus direct.
...J'ai alors réalisé que Kyosuke était spécial.
...WOW.
QUI AURAIT CRU QUE TU AVAIS DE VRAIS AMIS, FUYUMI ?
CLING
...C'EST PAS SYMPA.

POUR ÊTRE HONNÊTE...
AU DÉBUT...
JE N'AIMAIS PAS BEAUCOUP TAKARA.
OH...
ET POURQUOI ÇA ?
HMM...
TAKARA EST BEAU ET GENTIL, MAIS...
IL TRAÎTE TOUT LE MONDE DE LA MÊME FAÇON...
ET PARFOIS, ÇA DONNE L'IMPRESSION QUE C'EST QUELQU'UN DE DISTANT.
JE PLAIGNAIS CEUX QUI ESSAYAIENT DE SORTIR AVEC LUI...
ENFIN...
IL EST COMME ÇA, VOILÀ TOUT.
MAIS LE JOUR OÙ J'AI RENCONTRÉ KYOSUKE...
«Oh, voici Kyosuke. On se connaît depuis l'école primaire.»
«...Salut.»

…ET PUIS MERDE.
JE VAIS TE BAISER JUSQU'À CE QUE TU EN CHIALES.

......
LA HONTE
Ça va aller, ça va aller.
BROM
ESPÈCE DE P'TIT CON !!
COMBIEN DE MECS T'AS DRAGUÉ COMME ÇA !?
HEIN ?
J'ME DEMANDE BIEN !
SMACK
CARESSE
ET SI TU TROUVAIS LA RÉPONSE PAR TOI-MÊME...
KYO ?

ARF
ARF
ARF
ARF
はっはっはっはっ
HÉ HOOOO.
LE PLUS GRAND TRÉSOR DE TA VIE EST RENTRÉÉÉ
ARRÊ-TEUUUUH !
ROUGIIIIIIIT
かあああ
FROTTE
FROTTE
ぐしゃぐしゃ
PFFF. POURQUOI EST-CE QU'IL EST RENTRÉ SANS M'ATTENDRE ?
.....

...Mais quel connard.
AH !
Salut, Kyosuke...
Ah ! Euh...
Aaaaahhhhhn!
BLA
ざわ
BLA
ざわ
BOM
TING
TANAKA, IL VA BIEN, CE MEC ?
Il est beau gosse, mais quand même...
...
IL T'EN VEUT OU QUOI ?
HM...

CE TYPE...
C'EST MA FEMME.
POSE PAS TES SALES PATTES SUR MON TRÉSOR.

HÉ.
ALLEZ
...
...Ça faisait longtemps que je ne l'avais pas vu avec cette expression.
Oh... merde.
J'ai peut-être poussé le bouchon trop loin.
TIRE
KYOSUKE ...!!

...JE SAVAIS BIEN QU'IL ÉTAIT ICI...

TSSS
BRAM
がしっ
ATTRAPE
......!!
HÉ, ATTENDEZ !
MONSIEUR !?
BROUHAHA
ざわっ

T'AS UN PETIT AMI, TAKARA ?
HMM ? MOI ?
Allez !
RÉPONDS-MOI, QUOI.
OU DIS MOI AU MOINS C'EST QUOI TON GENRE DE MEC.
VOYONS VOIR...
LES MECS GENTILS, DOUX, ET TOLÉRANTS QUI ONT TOUJOURS LE SOURIRE.
BAM
TAP
TAP
TAP
TAP
JE SUPPORTE PAS LES MECS QUI SONT TOUJOURS EN COLÈRE, QUI SE PLAIGNENT SANS ARRÊT, ET QUI SONT COMPLÈTEMENT DOMINÉS PAR LEURS ANGOISSES.
HAHA HAHA HAHA !
AH BON ? MOI JE LES ADORE !
TAP
TAP
Rien à foutre, qu'il rentre ou pas, je m'en fous.
Tetsu est mon fils rien qu'à moi maintenant.
Hé
T'AS DU FEU ?
HM ?
BOUGE PAS.

ET TOI, ALORS ?
T'ES UN AMI DE FUYUMI ?
BRR
カタン
DANS CE CAS, T'ES MON AMI AUSSI !
YOUPIII
いえーーい
がし
POF
HAHAHAHAHAHA !
T'AS QUEL ÂGE ?
26 ANS
C'EST JEUNE !
COMME FUYUMI.
ON ÉTAIT ENSEMBLE AU LYCÉE.
SÉRIEUX !? VOUS AVIEZ QUOI COMME UNIFORME ? UN BLAZER ?
Ah ouais, direct sur cette question !
Fuyumi ne parle jamais de son passé, c'est pour ça !
DÉSOLÉ DE VOUS AVOIR FAIT ATTENDRE.
TAP
Il doit être en train de lécher des muscles à l'heure qu'il est, je suppose qu'il aime les mecs baraqués.
Y a que les muscles qui les intéressent, les délinquants. Les muscles plutôt que le cerveau. Putains de Néanderthals. Ils ont oublié d'évoluer.
En tout cas, sans ce sale fumeur dans la maison, au moins l'air est propre, et
apprécie ça.

CRAC
みしっ
Ça, c'est pas... gentil...
D'ACCORD, JE VAIS ÊTRE «GENTIL.»
HEIN ?
BONSOIR.
OH ? T'ES UN AMI DE FUYUMI ?
HÉ, JE T'AI DÉJÀ DIT DE NE PAS VENIR ICI.

JE VOUS CONNAIS DEPUIS LONGTEMPS, TOUS LES DEUX...
...ET TU T'ES RENDU COMPTE DES SENTIMENTS QUE TU AVAIS, DU COUP...
CLING
カタン
EST-CE QUE TU ES PROCHE DE KYOSUKE ?
CASH
OUAIP.
......
Il portait une chemise en tissu super clair ce soir. Il ne la porte que quand il veut jouer les tombeurs.
Rien que le fait qu'il croie que je ne l'ai pas remarqué, ça prouve qu'il a de la merde dans le cerveau.
POURQUOI T'ESSAIERAIS PAS D'ÊTRE GENTIL AVEC LUI, DE TEMPS EN TEMPS ?
C'EST PAS COMME SI TU CHERCHAIS ABSOLUMENT À TE DISPUTER AVEC LUI, PAS VRAI ?
C'est clair qu'il va se trouver un mec avec sa super chemise, là.
Trouve un mec qui te plaît -> porte un truc qui claque -> grosse baise (gros effort de reflexion de la part d'un ancien voyou)

TU TE RENDS MÊME PAS COMPTE À QUEL POINT LES TRUCS QUE TU DIS PEUVENT ÊTRE PRIS COMME DE LA DRAGUE, C'EST PAS BON, ÇA.
JE COMPREND QUE KYOSUKE AIT VOULU OFFICIALISER LES CHOSES AVEC TOI.
HEIN ?
Ça veut dire quoi, ça ?
TU VOULAIS PAS PARTICULIÈRE-MENT TE MARIER, PAS VRAI ?
PAS VRAIMENT, NON.
ET BIEN, SI ON MET DE CÔTÉ LE FAIT QUE VOUS SOYEZ TOUS LES DEUX DES HOMMES...
C'EST QUAND MÊME GÉNIAL QUE TU AIES TROUVÉ QUELQU'UN EN QUI TU AIES ASSEZ CONFIANCE POUR L'ÉPOUSER.
C'EST QUELQUE CHOSE DONT JE NE PEUX MÊME PAS RÊVER.
TE FERAIS BIEN DE PRENDRE SOIN DE LUI.

CLING
カラン
POC
ゴンッ
MAIS QUEL CONNARD !
Hmm... Une cigarette...
Fuyumi ! La même chose !!
C'EST PAS PARCE QU'ON EST MARIÉS QUE JE NE DOIS PLUS VOIR MES AMIS !
......
OH ♥
MERCI ♥
C'EST VRAI QUE C'EST ASSEZ LOUCHE ICI, QUAND ON Y PENSE.
«Quoi...!? Fuyumi !?»
PLIC PLOC
...TU SAIS...
TU AS PLEURÉ QUAND JE T'AI ANNONCÉ QU'ON ALLAIT SE MARIER.
J'AIME GARDER DES BONS AMIS COMME TOI PRÈS DE MOI.
Ouah !
TAKARA, T'ES COOL COMME MEC !

FRISSON
TRÈS BIEN, JE VAIS TE FAIRE MOUILLER COMME UNE PUTE EN CHALEUR.
TU VAS ÊTRE ESSOUFLÉ COMME JAMAIS.
SERRE
TES TÉTONS VONT DURCIR, ET TU VAS TOR-TILLER DU CUL TELLEMENT T'EN AURAS ENVIE.
FROTTE
ET JE JOUIRAI EN PENSANT À CE CUL TREMPÉ QUI VEUT ME VIDER JUSQU'À LA DERNIÈRE GOUTTE.
TSS
BAM
JE BANDE MÊME PAS, PERVERS À LA CON !

ATTRAPE
...C'EST ÇA.
TA P'TITE BITE N'ARRIVE PAS À ME SATISFAIRE, C'EST PAS DE MA FAUTE.
AAH
C'EST TOI QUI DIS ÇA ? CELUI QUI ME RÉCLAME SI SOUVENT MA «P'TITE BITE» ? TU VEUX Y GOÛTER, LÀ, TOUT DE SUITE ?
FROTTE
FROTTE
MON CUL !
LÈCHE
SI JE TE LAISSE ME BAISER, C'EST PARCE QUE TU ME LE DEMANDES TOUT LE TEMPS !
VA TE BRANLER TOUT SEUL, CE SOIR.

HA HA
TU TE FOUS DE MOI, C'EST ÇA ?
QU'EST-CE QU'IL S'EST PASSÉ ? ON DIRAIT QUE T'ES PAS TOI-MÊME.
TU VAS ALLER DANS CE BAR LOUCHE TOUT SEUL ?
T'AS UN SACRÉ CULOT POUR ALLER DRAGUER DES MECS COMME ÇA ALORS QUE T'ES MARIÉ.
Kyosuke Saionji (26 ans)
Représentant commercial dans une grande entreprise.
ESPÈCE DE DÉVERGON-DÉ, VA.
DIS DONC, TU ME CHERCHES, LÀ ?
CE BAR N'EST PAS LOUCHE, ET ON N'EST MARIÉS QUE DE NOM.
BLAM
ET PUIS, TOI AUSSI T'ÉTAIS AMI AVEC FUYUMI AU LYCÉE, NON ?
Arrête de dire de la merde.
J'AI ENCHAÎNÉ LES VOYAGES D'AFFAIRE ET J'AI PAS ARRÊTÉ DE FAIRE DES HEURES SUP', LOGIQUE QUE J'AIE DES DOUTES VIS-À-VIS DE FUYUMI.
T'ES UNE FEMME INSATISFAITE OU QUOI ?
EST-CE QUE VOUS FRICOTEZ ENSEMBLE PENDANT QUE TON MARI N'EST PAS LÀ ? HEIN ?
Mais qu'il est chiant.

ATTRAPE
すっ
POURTANT, C'EST PAS CE QUE KYOSUKE A L'AIR DE DIRE.
Ma femme me trompe.
Et il n'essaye même pas de le cacher, plaignez-moi.
AU FAIT, IL Y A QUELQUES TEMPS, IL A EU DROIT À DES COMMENTAIRES QUI SOUPÇONNAIENT SA «FEMME» D'ÊTRE EN FAIT UN HOMME. IL A RÉPONDU «BEN OUAIS, MA FEMME EST UN MEC, ET MOI AUSSI, ÇA VOUS EMMERDE ?»
Mais qu'est-ce qu'il raconte, en public en plus...?
SOUPIR
はぁ
FROTTE
くしゃっ
......
ON S'EST PAS DISPU-TÉS.
KYOSUKE S'ÉNERVE JUSTE TOUT SEUL.
«Tu vas boire un coup chez Fuyumi ?»

Avant même que je le réalise, ce boulet...
était devenu mon mari.
Carte de vœux du nouvel an.
A HAPPY
YEAR
Takara & Kyosuke Saionji
Hein ?
Je déconne pas, on a eu une cérémonie, et on est enregistrés en tant que famille.
ET TES PARENTS NE S'Y SONT PAS OPPOSÉS ?
J'AI PLEIN DE FRÈRES ET DE SŒURS, DU COUP, ILS S'EN FOUTAIENT.
FUYUMI, LA MÊME CHOSE.
カラン CLING
Et range cette carte.
QU'EST-CE QU'IL Y A, TAKARA ?
VOUS VOUS ÊTES ENCORE DISPUTÉS ? C'EST MIGNON...
SE DISPUTER AVEC SON MARI CHÉRI...
FERME-LÀ, ÇA A RIEN À VOIR.
Enfin, puisque le mariage gay est toujours illégal, il a fallu qu'il m'adopte en tant que «fils».
C'est chelou, pas vrai ?
Takara Saionji
(26 ans, anciennement Tanaka, aide-soignant)

«Quand on sera plus vieux.»
ALORS COMME ÇA, VOUS VOUS ÊTES MARIÉS.
J'ME DEMANDE ENCORE POURQUOI.

Tous ces gens ne sont que des déchets.
Il s'est mis à sortir tout ce qu'il avait sur le cœur, mais uniquement devant moi.
La réponse au problème numéro 3, les designs des t-shirts de la classe, les soirées karaoké... On s'en fout de tout ça. M'impliquez pas dans ces histoires.
J'aurais mieux fait d'aller dans le même lycée que toi.
Kyosuke Saionji (16 ans)
SLURP
ちゅぽっ
Takara Tanaka
(16 ans, un peu plus mûr)
Et allez... J'étais bien, sans toi, pourtant.
Hein ? T'as dit quoi, là !?
Sérieux, c'est pas comme ça qu'on parle à un pote.
T'es censé être sympa avec tes amis.
T'es pas au courant ?
Hm.
Ton attitude me dérange pas vraiment...
Tant que tu la réserves aux autres.
Putain, j'en ai marre de lui.
J'ai pas son intelligence, et je suis pas riche comme lui.
C'est sûr qu'on finira par s'éloigner l'un de l'autre...
quand on sera plus vieux.
La seule raison pour laquelle t'as pas pu étudier dans le même lycée, c'est parce que t'es une feignasse.
T'as pensé à ton avenir ?
Tu m'écoutes ?
Si je dis ça, c'est pour ton bien.

Depuis notre enfance, Kyosuke a toujours été difficile à gérer.
*Rêves
KYOSUKE SAIONJI (10 ans)
Tout était prétexte à se battre pour lui.
Derrière le gymnase
Takara Tanaka (10 ans)
Jus de fruits
Tu te bagarres parce que tu gardes trop de trucs en toi.
Tu ferais mieux de dire les choses qui te rendent triste ou te mettent en colère.
Pourquoi t'exprimes jamais ce que tu ressens ?
.....
Et après ça...
Tu chlingues, t'as des écrevisses dans la poche ou quoi ?
Kyosuke Saionji (14 ans)
Bon, c'était toujours mieux que quand il intériorisait tout.
KYO-SU-KE-!!!!
EFFRAYÉE
Du moins, c'est ce que je me disais.
Takara Tanaka (14 ans, période rebelle)
Les choses ont encore empiré.
Hein ? Alors c'est toi qui te moques des autres.
Même si on dirait que tu t'es fourré des haricots dans le nez.
Comme il était loin d'être con...
Il a fini par apprendre à choisir le bon moment et le bon endroit.
Hé.
Tu sais quoi, Takara ?

Shinkonsan!

Lycée et magasines porno

.....?
はあ
HAA
HAA
ぜえ
HAA
HAA
C'EST VRAI !
MN !
SPLISH
ザブ
JE T'AIME...
TAKA.
Le lendemain matin.
Hé !
TETSU !
ARRÊTE DE ME RENIFLER !
♪ SNIF
くんくん
SNIF
C'EST POUR ÇA QUE JE VOULAIS PAS FAIRE L'AMOUR !
Comment il a su !??

AHH...
HAA
はぁ
Il peut bien en souffrir pour le reste de sa vie !!
HAA
はっ
Ce p'tit con de fragile !!
AH ! AH !
AAH !
...PEUT-ÊTRE...
QUE J'ARRIVERAIS À M'EXCITER SUR UNE PORN STAR QUI TE RESSEMBLE.
QUOI !?
T'AS DIT QUOI, LÀ ?
C'EST MOI ET MOI SEUL QUI DOIS T'EXCITER !
PUISQU'ON EST MARIÉS, MAINTE-NANT !
......
Tant qu'il n'aura pas compris ça...
NGH...!
AH !
AAH...!
Je refuse de le dire.
AH !
AH...!

C'est pour ça...
HAA
Que je ne peux pas être indifférent envers lui.
Il est bête de ne pas encore avoir réalisé ça.
SLP
Comment ça se fait...
qu'il ne l'a pas encore remarqué ?
PLIC
AUJOURD'HUI, JE VOUDRAIS... QU'ON SE FASSE FACE.
Qui s'est «noyé».
HEIN ?
MAIS C'EST PAS PLUS FACILE D-... ?
PLOC
C'EST PAS GRAVE.
Il n'y a pas que lui...
POUR QUELLE AUTRE RAISON...
EST-CE QUE JE PERMETTRAIS À UN HOMME DE ME DÉFONCER À CE POINT !
Abruti.

TAKA.
....
...Oh, Kyosuke.
......!
En réalité...
Il ne déteste pas vraiment le monde entier.
MN.
Je pense qu'il a peur, en fait.
Il redoute que les autres ne l'aiment pas.
QUEL GÂCHIS.
IL EST BEAU ET INTELLI-GENT, MÊME S'IL EST VULGAIRE...
IL EST COMPÉ-TENT AU BOULOT, MÊME S'IL EST UN PEU ÉGOCEN-TRÉ...
IL A UN BON FOND, MÊME S'IL EST TOUJOURS RONCHON.

SPLASH
SPLASH
ばしゃっ
FSSSSSH
.....!!
はっ
HAA
MNN.
HAA
AH !
くちゅっ
SLP
SLURP
ずるる
GLISSE
......
MN.
HÉ..!
KYO-...
ザッ
PLIC
HAA
JE NE PEUX...
PLUS ATTENDRE.

POUR LE RESTE...
ÇA PEUT ATTENDRE QU'ON AIT FINI DE SE LAVER.
...... boude
FROTTE
FROTTE
CONSIDÈRE ÇA COMME DES EXCUSES POUR T'AVOIR FAIT POIREAUTER PENDANT DEUX HEURES.
JE VAIS FAIRE ÇA POUR TOI.
SOIS RECONNAISSANT.
PLIC
...... Hmpf...
GNIII
GNIII

...C'EST PAS QUE...
J'AVAIS PEUR DE TE TROMPER, HEIN...
AH ?
C'EST JUSTE QUE...
SI...
...JE N'ARRIVAIS PAS À BANDER POUR QUELQU'UN D'AUTRE QUE TOI...
......
SI JE TE PERDAIS, JE DEVIENDRAIS...
IMPUISSA-
KYOSUKE.
PRENONS NOTRE BAIN ENSEMBLE.
PLIC
ザブ
PLOC
チャプン
...Il est vraiment irrécupérable...

だんっ
BAM
PUTAIN !!!
PUTAIN DE BORDEL DE MERDE !!! JE DÉTESTE ABSOLUMENT TOUS LES HUMAINS SUR CETTE PLANÈTE !!!
ET TOI AUSSI, TU PEUX ALLER TE FAIRE FOUTRE !!
Au fait... ILS SONT OÙ, LES MAGASINES PORNO DONT TU PARLAIS ?
JE LES AI PAS ACHETÉS, ÇA SE VOIT, NON ?!
Oh, il ne les a pas achetés.
......
なで PAT
なで PAT

«...Pardon... Je t'aime... Je suis désolé...»
«Tu veux... qu'on signe un contrat de mariage ?»
COMBIEN DE TEMPS ENCORE...
EST-CE QUE MES SENTIMENTS POUR TOI...
VONT-ILS DEVOIR RESTER À SENS UNIQUE ?

...DEPUIS QU'ON S'EST RENCONTRÉS...
JE N'AI PAS ARRÊTÉ DE ME NOYER DANS CES SENTIMENTS...
......
«Viens par ici, Kyosuke.»

SNIF
TAP TAP
スタスタ…
REMUE REMUE
OUAF
HÉ.
DÉPÊCHE-TOI DE PRENDRE TON BAIN, L'EAU VA REFROIDIR.
...TAKARA.
JE TE DÉTESTE.
......
DE TOUT CE QUI EXISTE DANS CE MONDE...
C'EST TOI QUE JE DÉTESTE LE PLUS.

CRAQUE
TU NE SAIS PAS CE QUE J'AI RESSENTI...
PENDANT LES DEUX DERNIÈRES SEMAINES !
GRR
......
...JE SUIS DÉSOLÉ, D'ACCORD ?
T'AS PAS FROID ?
RENTRE VITE.
PEUH
SI TU VEUX QUE JE RENTRE...
TU FERAIS MIEUX DE T'EXCUSER MIEUX QUE ÇA.
Mais quel connard !!
GRRR
A- AT- TENDS !
ÇA VA, JE REN- TRE !
BON, BEN BONNE NUIT !
CRIII
CLAC
AICHOUM

CLAC
ガチャッ
……
TREMBLE
ぷる
TREMBLE
ぷる
C'EST QUOI CE BORDEL !?
T'ÉTAIS CENSÉ ME COURIR APRÈS !
EUH... JE ME SUIS ENDORMI...
QUOI !?
MAIS IL TE FAUT COMBIEN D'HEURES DE SOMMEIL !?
JE TE L'AI DÉJÀ DIT... JE SUIS TRÈS FATIGUÉ.
C'EST PAS PARCE QUE JE GAGNE MOINS QUE TOI QUE JE TRAVAILLE MOINS.
SOUPIR
はぁ
LA FERME !!

FIOUUUU
ひゅるーん
......
...Oh, j'ai compris.
POF
Il...
ne peut pas me tromper avec quelqu'un...
puisqu'il déteste tout le monde...
...sauf moi.
BAILLE
Deux heures plus tard...
DING DONG
DING DONG
DING DONG

QUOI ?
GRR
GRR
BEN OUI !
COMME J'T'AI DIT, JE VAIS ME BRANLER EN MATTANT DES PIN-UPS DE BAS ÉTAGE !
JUSTE POUR INFO, JE NE ME SUIS JAMAIS BRANLÉ EN PENSANT À QUELQU'UN D'AUTRE QUE TOI DE TOUTE MA VIE !
C'EST LA PREMIÈRE FOIS QUE JE VAIS TE TROMPER !!
TU FERAIS MIEUX...
FWAP
DE NE PAS AVOIR DE REGRETS.
BAM

...PEUT-ÊTRE QUE JE DEVRAIS JUSTE...
TE TROMPER.
JE VAIS M'ACHETER DES MAGASINES PORNO ET ME BRANLER.

ET NE VIENS PAS ME DIRE... QUE TU AS OUBLIÉ.
......
IL A FALLU...
QU'ON AILLE CHEZ LE PROCTOLOGUE ENSEMBLE.
TU PARLES D'UN MAUVAIS SOUVENIR...
Il faut connaître vos limites.
PIQUE
PIQUE
DÉPRIME
OUI...
Désolé...
......
CRIIIC
BOUDE
OUAIS, MAIS...
SI JE RÉAGIS COMME ÇA, C'EST PARCE QUE TU ME RÉSISTES.
Comment tu veux que je fasse, sinon ?
Il n'a même pas réfléchi à ce qu'il avait fait !
T'ES PAS CENSÉ TE DIRE ÇA !
Bordel
T'AS VRAIMENT AUCUNE EMPATHIE !
C'EST MOI QUI DEVRAIS ÊTRE EN COLÈRE !
CLANG
C'EST SI MAL QUE ÇA DE VOULOIR FAIRE L'AMOUR TOUS LES JOURS !?

SE PENCHE
H-HÉ.
KYO-!
......
TAKARA...
Oh. C'est pas bon, ça.
......!
IL EST EN COLÈRE.
Cette partie de lui qui le fait réagir comme ça...
......!
n'a pas changé depuis qu'on était plus jeunes.
HÉ !
KYO-SUKE...!
Le jour où on a fait ça pour la première fois, il m'a aussi soudainement poussé en arrière comme ça.
PAF
KYO-SUKE, STOP !!!
C'était terriblement effrayant.
TU M'AS PROMIS...
DE NE PLUS JAMAIS ME FORCER...

VA PRENDRE UN BAIN.
POUR-QUOI ÇA ?
ROUGIT
...J'AI ENVIE DE BAISER.
PAS QUES-TION.
IL FAUT QUE JE ME LÈVE TÔT, DEMAIN.
!?
HIER NON PLUS, ON L'A PAS FAIT !
ET ALORS ?
C'est quoi le problème ?
LES JEUNES MARIÉS SONT CENSÉS BAISER TOUS LES JOURS.
PARDON
POURQUOI TU CROIS QUE JE T'AI ÉPOUSÉ !?
MON OEIL ! C'EST POUR ÇA QUE TU M'AS ÉPOUSÉ EN FAIT !?
BIEN SÛR QUE OUI !
TSSS

AH OUAIS ?
T'ES JALOUX, TAKARA ?
QUI POURRAIT ÊTRE JALOUX D'UN IDIOT COMME TOI ?

AH LÀ LÀ...
BISOU
BISOU
TON AUTRE PAPA SERT VRAIMENT À RIEN, PAS VRAI TETSU ?
OUAF
Difficile de croire qu'on s'est passé la bague au doigt à Hawaii et qu'on est devenus une famille...
......
TU VEUX QUE JE T'EMMÈNE AVEC MOI, TETSU !?
JE SUIS BIEN MIEUX PAYÉ QU'UN CERTAIN ANCIEN DÉLINQUANT.
OUAF
Je ne sais même pas comment on en est arrivés là.
HAPPY WEDD
Bordel !
GLIIIIISSE
SOUPIIIIIR
Et ben... JE COMPRENDS CE QUE RESSENTENT TES COLLÈGUES DE TRAVAIL.
MOI NON PLUS JE N'AURAIS JAMAIS PENSÉ QUE TU ARRIVES À TE MARIER UN JOUR.
...QU'EST-CE QU'IL Y A, TAKARA ?
QUOI !?
ÇA TE VA BIEN DE DIRE ÇA, TIENS !!
TU TE LA JOUES AVEC TON AIR SUPÉRIEUR, MAIS EN FAIT T'ES PLUS UN BOULET QU'AUTRE CHOSE.
!!?

SI T'ES SI REMONTÉ QUE ÇA...
TU VEUX QU'ON S'LA DONNE ?
PAF
ALORS ?
VIENS, ON SE FRITE.
FWOOSH
T'AS L'INTENTION DE TE COMPORTER COMME UN DÉLINQUANT POUR TOUJOURS ?
FWOOSH
J'ARRÊTERAI QUAND J'AURAI PLUS ENVIE DE FAIRE PARLER MES POINGS.
OUAIS, BEN, FAIS PAS ÇA HORS DE LA MAISON, ON A PASSÉ L'ÂGE OÙ LA LOI NE S'APPLIQUE PAS À NOUS.
ERF...
GRR
IL ÉTAIT AUTANT UN DÉLINQUANT QUE MOI.
Sérieux... Il est devenu de plus en plus relou, en grandissant.

note : il utilise les réseaux sociaux pour essayer d'avoir du soutien.

T'AS DU CULOT DE RESTER AFFALÉ PLUTÔT QUE D'ACCUEILLIR TON MARI QUAND IL RENTRE À LA MAISON.
COMMENT ÇA «AFFALÉ» ?
AH !
BON SANG...
À... À PLUS !
BON COURAGE POUR LE CONCERT !
OUAF
BIP
Ce sale gosse au regard perçant a bien grandi...
C'est maintenant un adulte digne de ce nom.
FROTTE
FROTTE
FROTTE
J'EN AI MARRE DE TOUT.
TETSU (mâle)
Ah, il va me sortir son verbe favori, «détester». Il l'a déjà utilisé 32 fois aujourd'hui.
KYOSUKE SAIONJI (26 ans)
Représentant commercial dans une grande entreprise.

Euh
EST-CE QUE LA CARTE POUR LE NOUVEL AN EST ARRIVÉE ?
OUI, TOUT À FAIT.
HAPPY WEDDING
EUH... OUI, C'EST BIEN ÇA.
MON NOM DE FAMILLE, C'EST «SAIONJI» DÉSORMAIS.
OUAIS.
JE ME SUIS MARIÉ À CE KYOSUKE-LÀ.
BRILLE
Et bien... C'EST UNE LONGUE HISTOIRE.
Ne m'en parle pas
ARF
ARF
ARF
ET MERCI POUR LES TICKETS.
OH, NON, UN SEUL ÇA SUFFIT, DE TOUTE FAÇON, IL NE VIENDRAIT PAS MÊME SI JE L'INVITAIS.
TAKARA SAIONJI
(26 ans)
Aide-soignant.

DING
DONG
Et nous...
nous sommes mariés.
Just been married !
I

On l'appelle...
Le diable à la gueule d'ange...
KYOSUKE SAIONJI
(6 ans)
Au CP à l'École Primaire d'Asakaze.
PAF
AAAAAAAAH !!!!
Mme la tortue, tout va bien !? Ouf, on dirait que oui ! Heureusement que vous avez votre carapace !
Pfff ! Ce sale gosse ne connaît pas la douceur !!
Appro-che...
Kyosuke.
J'ai...
J'ai permis à Kyosuke de sortir de sa coquille.
Dans les arbres, à travers les chemins, et même dans des bassins où on n'était pas censés aller...
Kyosuke était la seule personne que j'emmenais avec moi.
Après nous être beaucoup disputés...
Et être devenus comme des amis...
20 ans se sont écoulés...

Il est sorti de nulle part et a réduit ma petite vie tranquille en miettes.
Taka ! Par ici !
«Kyosuke» ?
J'ai besoin d'aide avec Kyosuke...!!!
GIN
TAKARA TANAKA (6 ANS)
Au CP à l'École Primaire d'Asakaze.
ARF はっ
ARF はっ
TAP たっ
TAP たっ
TAP たっ
Celui qui a fait du mal au lapin de la classe...
Ça...
Ça doit être lui aussi !!
FIOUUUH ザッ
Kyosuke ...
PAT ゴッ
PAT ゴッ
PAT ゴッ
PAT ゴッ
Ah oui, le fameux gamin de la grande ville...